カラー版

マンガでわかる会社の設立・運営

税理士・行政書士
荒川一磨 監修

西東社

西月堂
チリ〜ン…
えと… 今月の注文は20件…と
老舗和菓子店　西月堂
販売担当
西《にし》園《ぞの》 ちとせ
いらっしゃいませ〜
これはありますか？
小麦粉・卵
乳製品不使用
ノンアレルギーコーナー
あっ 少々お待ち下さい
すぐご用意しますので
こんにちは
先輩ちょっといいですか？
あら 心《しん》太《た》
どうしたの？
ゲームクリエーター
柏《かしわ》 心《しん》太《た》

ショップサイトに載せるミニゲームができたので見てもらおうかと…
はぁ 今ネット注文の対応でてんてこまいなのよね〜
先輩の販売戦略本当に大当たりですねぇ
ノンアレルギー和菓子
超低糖和菓子
ふ…ふふふ
あったり前よ！
私を誰だと思ってんの!!
ザパーン
ドーンッ
…で…でも
おぉ…
パチパチ
まさか先輩が本気で会社を辞めるとは思いませんでしたよ…
あんな大手に勤めてたのに…
バリ
バリ
私の手にかかったら実家の店を繁盛させることなんてちょろいわよ
ホホホ
私って天才！
西月堂
はぁ…
この調子ならそろそろ会社化したほうがいいんじゃないですか？

えーなんで？
めんどくさ…
ある程度利益が上がったら会社のほうが節税になるらしいですし…
いーのいーの！
だいたいある程度ってどのぐらいよ
この私の戦略でばっちり大もうけできるんだから！
……ほう
会社化のメリットも知らずにどんな素晴らしい戦略を描いているのかぜひ拝聴してみたいものですね
なっ…何ですか!?
私はこういう者です
経営…コンサルタント？
で？お聞かせ願えますか？
にこっ
あなたの戦略とやらを
経営コンサルタント
安倍川《あべかわ》 善哉《ぜんや》

STOP
なんであなたにそんなことを…
いや!! 聞くまでもなくわかります
たまたま商品を開発してネットで販売したらたまたま当たったものだから
「大手サイトに出店すればもっと売れるはず!!」「いや海外進出も夢じゃない!!」とまあこんなところでしょう
す…すごい…先輩がいつも言ってることだ!
ちょ…あんた一体何なのよ!!
私の愛してやまない和菓子屋の次代がこんな頭の軽そうな者に担われることになるとは…
あぁっ 嘆かわしいっ
なっ… 何～!!
成長戦略を考えている経営者が会社について何も知らないとは バ・カ だと言っているのです
ムカァ…
ばっ バカぁ!?

会社化による最大のメリットは**節税対策**になる点です
つまり個人事業者と会社は税制にちがいがあります
もっとも大きいのが所得税と法人税の税率のちがいです
● 所得税＋住民税の税率
所得金額（万円）
4,000 55%
1,800 50%
900 43%
695 33%
330 30%
195 20%
0 15%
10 20 30 40 50（%）税率
利益が増えるほど法人のほうが税率で有利だ
● 法人税＋法人住民税＋法人事業税の税率
所得金額（万円）
800 約34%
400 約23%
0 約21%
10 20 30（%）税率
※2025年度の中小法人の実効税率
ほかにも一般的に会社のほうが社会的信用が高いから
❶金融機関からの融資を受けやすくなり借入できる額も増える
❷取引先が広がりやすくなる
❸人材を集めやすくなる
などのメリットもあります
ずいずい
で…でもデメリットだってあるでしょっ⁉
まあゼロではありませんね
ポイント
会社化によるおもなデメリット
❶設立費用がかかる（25～30万円）
❷事務負担が増える
❸社会保険の保険料負担が大きくなる
❹赤字でも年間7万円の法人住民税がかかる。
❺会計事務所のサポートが必須になるため、コストが増える
❻税務調査が入りやすくなる

それでも
会社化のメリットの
ほうが大きいでしょう
これでも会社化しないなど
おろかとしか言いようが
ありませんね
～～～!?
いいわ!!
私がウチのお店を
会社にしてやる!!
そんであんたがビックリ
するくらいの大成功を
収めてやるわ!!
西月堂
心太!
あんたも
「実は独立したい」
とか
言ってたわよね!?
くるっ
西月堂
この際
あんたも会社
つくっちゃいなさいよ!
え…え～～～～!?
ビシッ
ビシッ
あっあの
僕の意思は…?

巻頭TOPICS ①

会社と個人事業、どっちが得？

独立起業する際、個人事業と会社のどちらにするか迷う人は多い。会社と個人事業、はたしてどちらのほうが得なのか？　ここでは、「節税」「経費の扱い」「コストや事務処理の手間」の３点で見ていこう。

会社 v.s. 個人事業　会社のほうが節税できる！

おもな税金として、個人事業には所得税と住民税が、会社には法人税・法人住民税・法人事業税がそれぞれ課せられる。個人事業は所得が増えるほど税率が高くなるしくみとなっている。

個人事業の場合

所得税 ＝ 所得 × 税率

（所得 ＝ 収入 － 経費）

所得が増えるほど税率が高くなるので、
一定額を超えると**会社よりも不利**になる

所得税＋住民税の税率

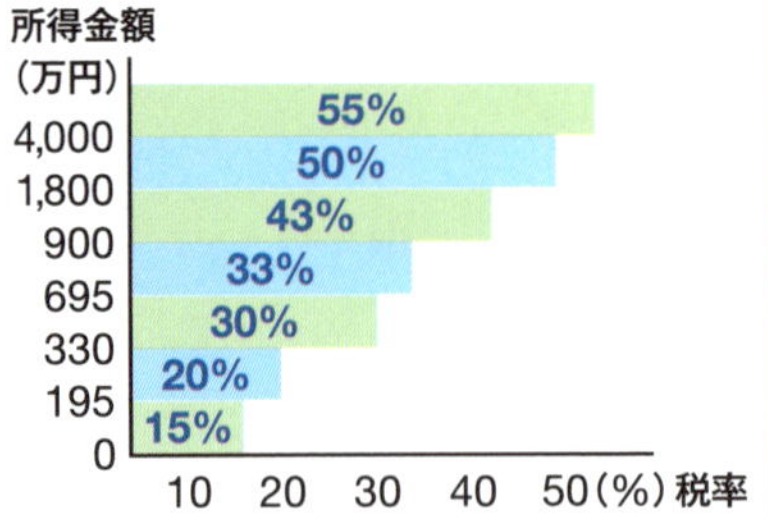

会社の場合

法人税 ＝ 所得 × 税率

（所得 ＝ 収入 － 経費 － 役員報酬）

所得が800万円を超えると税率が一定になるので、
一定額を超えると**個人事業よりも有利**になる

法人税＋法人住民税＋法人事業税の税率

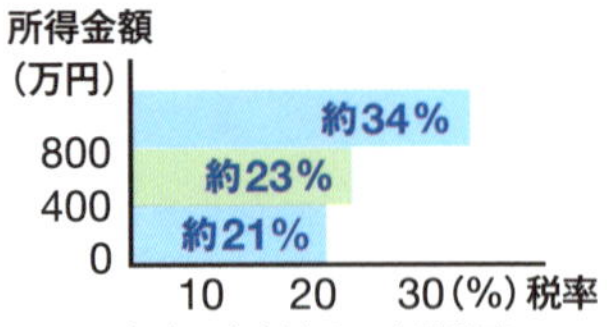

※2025年度の中小法人の実効税率

一般的に収入が700～1000万円を超えると、
個人事業よりも会社のほうが税金面で有利になる！

会社 v.s. 個人事業　会社のほうが経費の範囲が広がる!

個人事業よりも会社のほうが経費にできる範囲が広い。経費と認められる金額が増えるほど節税になるので、経費面から見ても会社のほうが有利といえる。

自宅・事務所

個人事業

事業に使用している面積分だけ、経費にできる。

会社 得

住居部分も社宅扱いとすることで、賃料の半額以上を経費にできる。

旅費

個人事業

出張交通費はかかった分だけ経費にできる。

会社 得

出張交通費に加え、出張手当も経費にできる。

自動車

個人事業

ガソリン代や車検費用などは、事業に使った割合に応じて経費にできる。

会社 得

事業に必要と認められれば、全額経費にできる。

生命保険

個人事業

生命保険料控除の枠内でしか控除されない。

会社 得

全額あるいは4割まで経費に計上できるものがあり、保障を確保しつつ経費に計上できるものがある。

会社 v.s. 個人事業　会社のほうがコストや事務負担が増える!

会社化によるデメリットは設立手続きや社会保険、会計に関係するコストや事務負担が増えること。事務負担は専門家に任せることで軽減できるので、上手に活用したい。

1. 25～30万円ほどの設立費用がかかる
2. 事務負担が増える
3. 社会保険料の保険料負担が大きくなる
4. 赤字でも年間7万円の法人住民税がかかる
5. 会計事務所のサポートが必須になるため、コストが増える
6. 税務調査が入りやすくなる

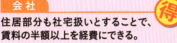

巻頭TOPICS ②

個人事業と会社のちがい

個人事業でも会社のようにモノを売ったり、サービスを提供したりすることはできる。では、会社と個人事業は何がちがうのか？　ここでは「契約の主体」「財産」「責任範囲」の3点で両者のちがいを見ていこう。

ちがい① 契約主体が「人」か「会社」か

事業では売買や不動産賃貸など、さまざまな契約を交わすことになる。このとき、契約の主体（法律上、権利や義務を持つ者）は、個人事業の場合には事業者自身、会社の場合には会社そのものとなる。

個人事業の場合

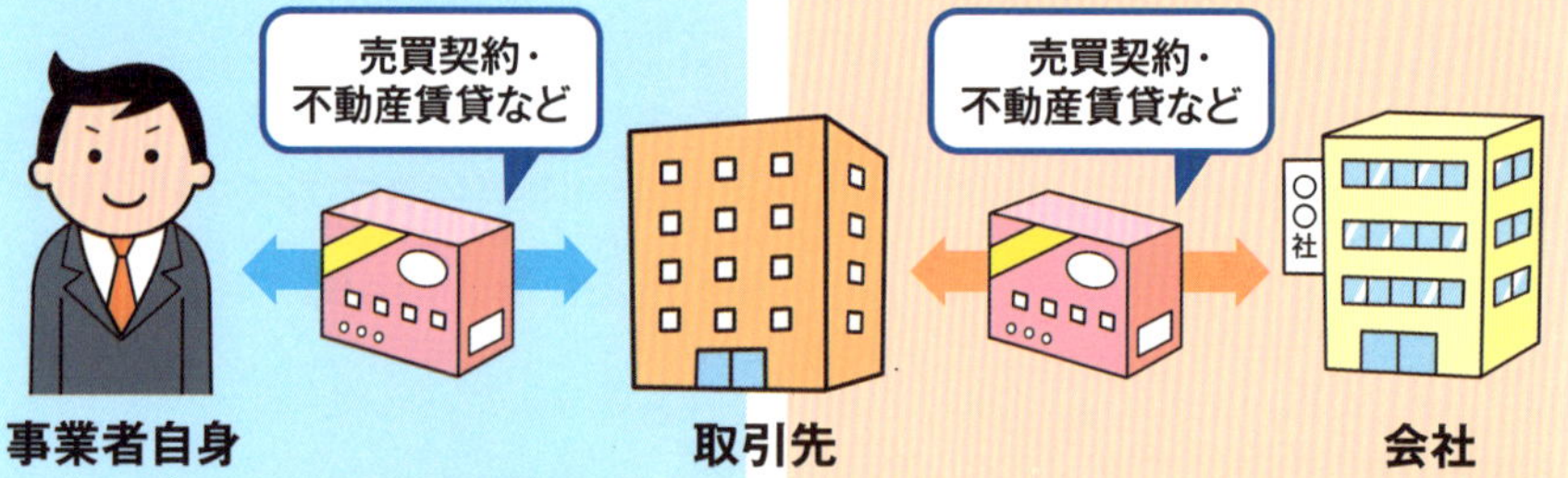

- 売買契約で得た利益は、事業者自身のものになる。
- 同様にその損失は事業者自身がかぶり、債務を負うことになる。

会社の場合

- 売買契約で得た利益は会社のものになり、社長個人のものとはならない。
- 同様に損失は会社がかぶり、社長個人が債務を負う必要はない。

ちがい2 事業用財産の所有者が変わる

個人事業の場合、事業と個人の財産は区別されない。それに対し、会社の場合は、会社の財産と個人の財産を区別する。

個人事業の場合

会社の場合

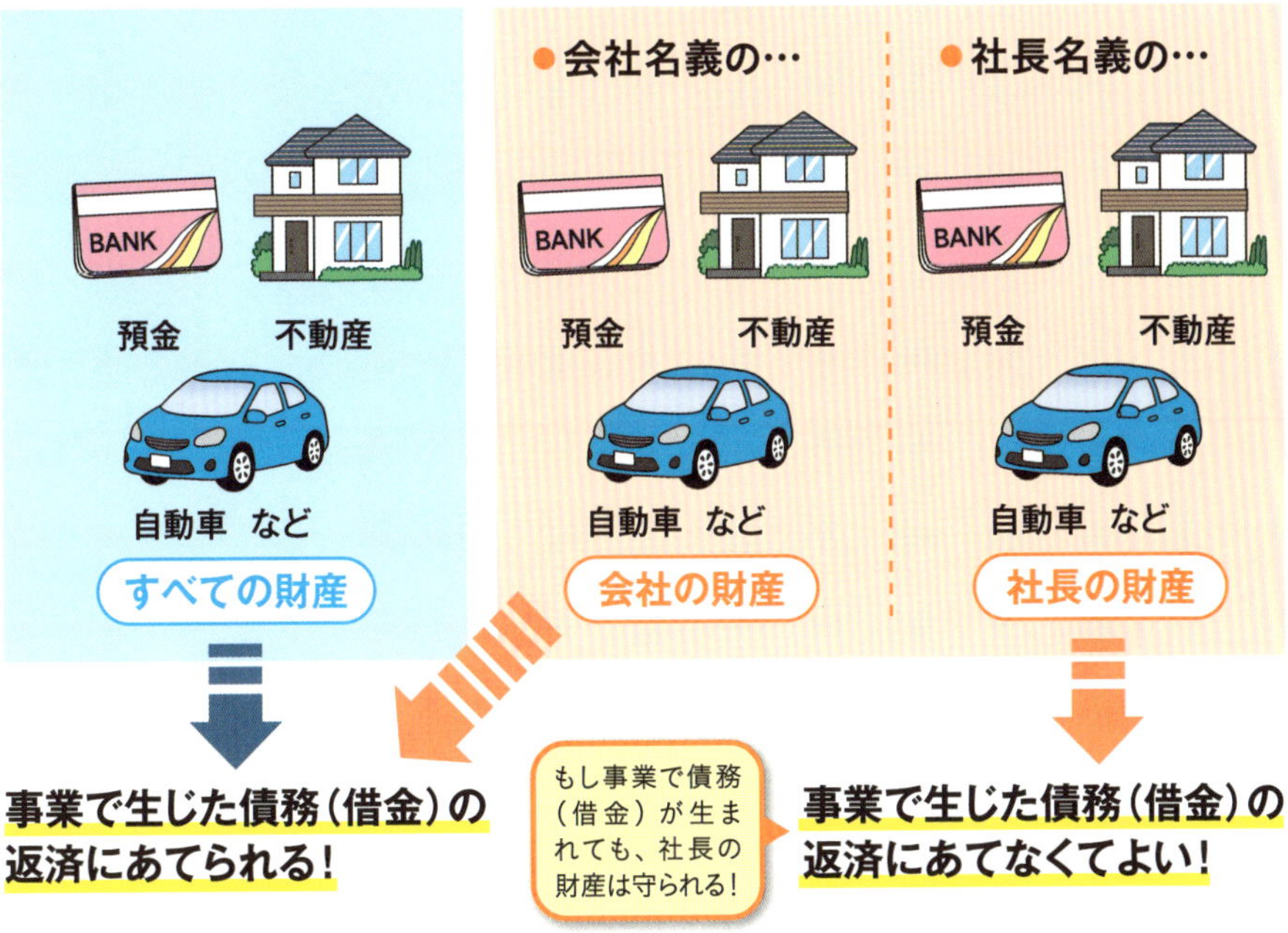

ちがい3 責任の範囲が変わる

事業で生じた債務（借金）に対してどこまで責任を負うのかについては、無限責任と有限責任の2種類がある。個人事業者は前者、会社（株式会社と合同会社）は後者となる。

個人事業の場合

無限責任

債権者（お金を貸した人）に対して、すべての負債に対する責任を負う

会社の場合

※株式会社と合同会社の場合

有限責任

債権者に対して、出資額を上限とした負債に対する責任を負う。

会社設立スケジュールをチェック!

会社を設立するためには、ざっと次のようなステップを踏む必要がある。事業そのものの準備と並行することになるので、余裕を持って着実に進めていこう。

1年前 ▶ 設立手続きに必要な内容を決める!

□ **発起人**を決める

➡ P84

これに前後して、事業計画（➡P56）をつくるとGOOD!

↓

□ 会社の**基本事項**を決める

➡ P86～97

「社名」「事業内容」「本店所在地」「資本金の額」など

↓

□ **事業目的**の確認・商号調査を行う

➡ P86～89

↓

□ 会社の**印鑑**を作成する

➡ P98

↓

□ **定款**を作成する

➡ P116～123

↓

□ **発起人の決議**を行う

➡ P92～95

↓

半年前 ▶ 設立手続きを進める!

□ 定款の認証を受ける

➡ P124

□ 資本金の払込を行う

➡ P126

□ 設立登記申請書を作成する

➡ P132

□ 設立登記の申請を行う

不備がある
場合は補正を
行う!

➡ P132～137

登記完了! 会社設立!

□ 登記事項証明書を取得する

➡ P138

□ 税金や社会保険関係の届出を行う

➡ P140～147、P170～181

事業スタート!

◆ 本書の特長と見方 ◆

本書は全6章立てです。章ごとに「マンガ」「解説・図解」「ケーススタディ」で構成されており、基本から実務まで学べるようになっています。

- 第1章 会社の基本を知る
- 第2章 事業計画を立てて資金を集める
- 第3章 会社の基本的な形を決める
- 第4章 会社設立の手続きを行う
- 第5章 従業員を雇う
- 第6章 経理・決算・税務の基本とコツ

が **マンガ** **ケーススタディ** **解説&図解** でわかる!

マンガ

各章の重要ポイントがストーリーマンガでざっくりわかる！
図やイラストでの説明もあるので、マンガを読むだけで基本が理解できます。

必要に応じて、専門的な用語を解説！

複雑な内容も、図解やイラストを使ってわかりやすく解説！

会話を読み進めることで、会社設立の基本が理解できる！

ケーススタディ

各章の最後に、失敗しがちなケースをマンガで紹介。
その原因と対策について、解説しています。

各ケースの失敗を挽回するための方法を図やイラストで解説！

各ケースに対処する方法や事前対策がわかる！

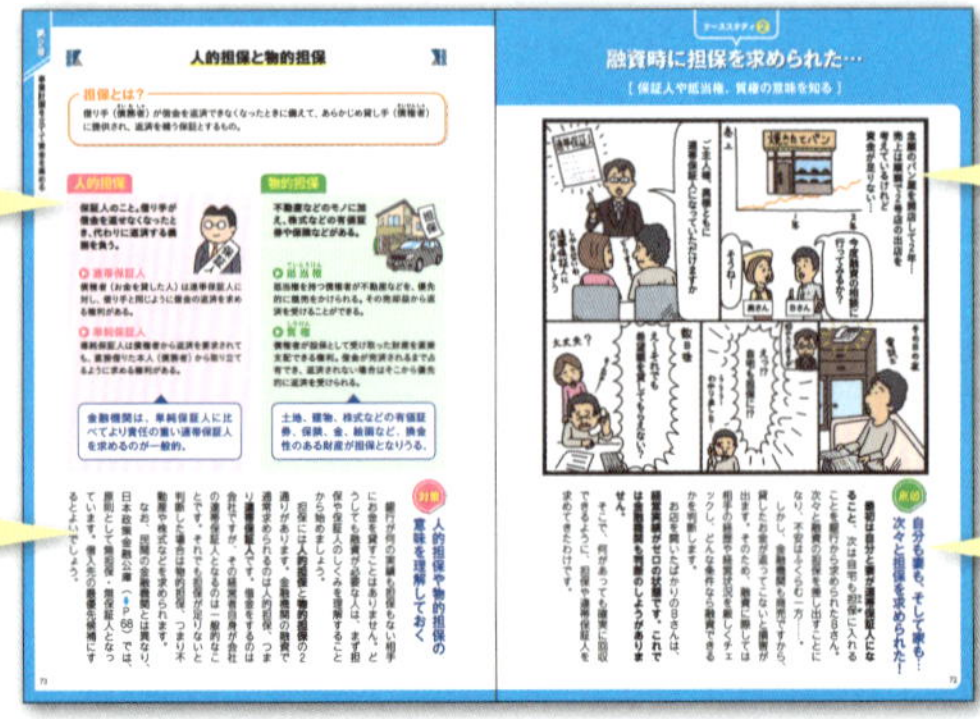

会社設立時にやりがちな失敗例をマンガで紹介！

マンガの失敗が起こった原因や問題点をくわしく解説！

解説&図解

テーマごとに文章と図で解説しています。右上のアイコンで説明する内容を3つに分類。知っておきたい「基本知識」、実際に考えてみる「実践」、届出等の記入例がわかる「記入見本」に分けられています。

どのような情報が載っているかが、基本知識 実践 記入見本 の3つのアイコンですぐわかる！

知っておくと役に立つ「㊢知識」、運営に役立つ「経営アドバイス」、多くの人が失敗しがちな「思わぬ落とし穴」を補足情報として掲載！

イラストや図表などでさらにくわしい情報がよくわかる！

黄色マーカーで示した用語を解説。知っておきたいマメ知識も！

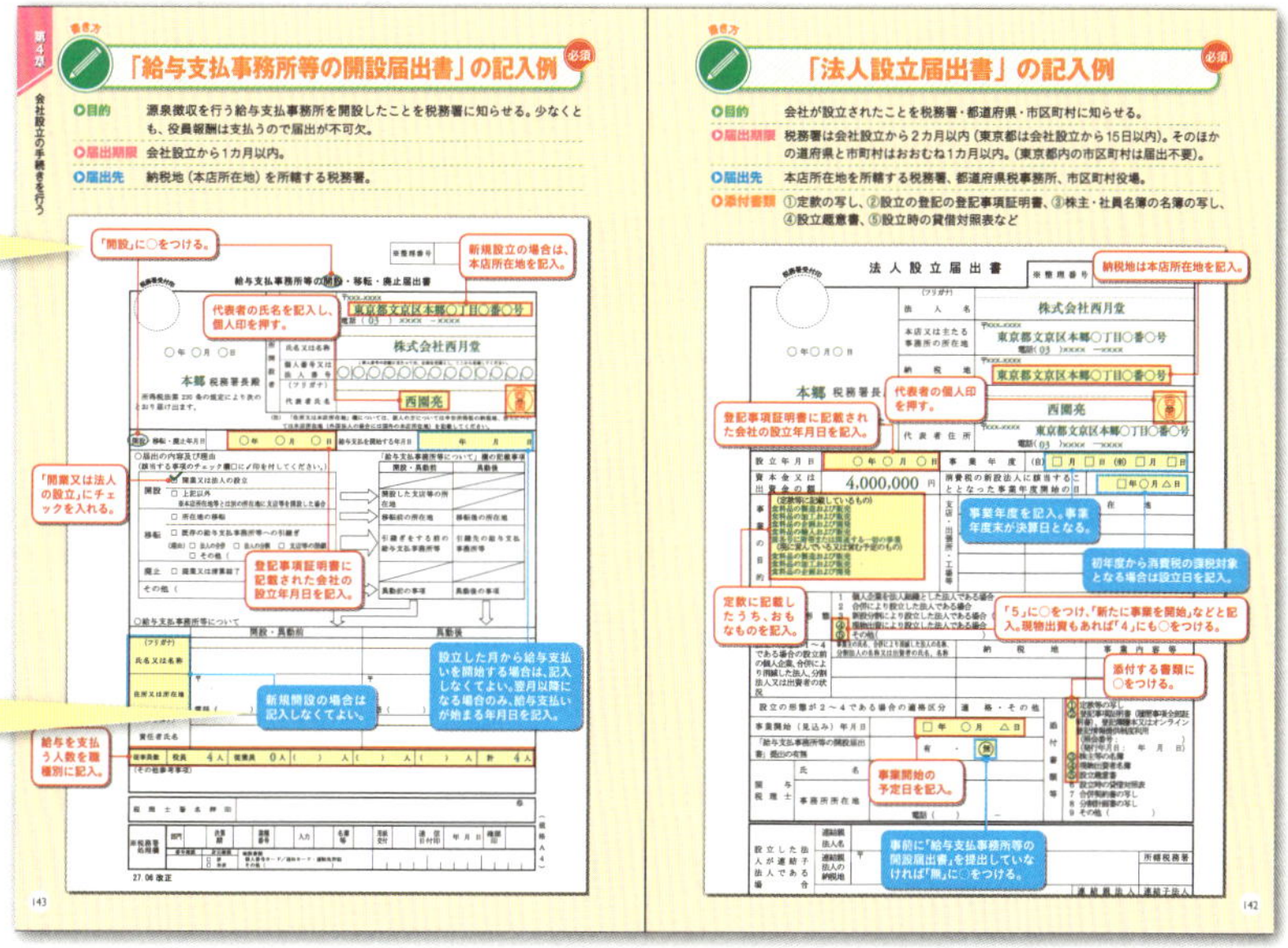

具体的な記入方法は赤色で解説！

記入時のポイントは青色で解説！

はじめに

本書を手に取った人の多くは、個人事業主から会社化するか、初めて起業するか、このどちらかにあてはまるのでしょう。個人事業主から会社化する人はある程度、事業が軌道に乗りつつあるのだと思います。ただし、会社を設立して運営していくとなると、個人事業のときとはまた別の課題や悩みが発生します。また、初めて起業する人にとっては、会社設立はもちろん、事業の運営も未経験で、常に期待と不安がせめぎ合っているのではないでしょうか。

いずれにしても会社設立は、これから事業を大きくしていくためのステップとなります。本書はそのようなステップを踏み出す手助けとなるよう、会社設立の登記手続きをはじめ、税務会計関係や社会保険関係の手続き、資金調達、人事労務など、会社を運営していくために必要なノウハウを幅広くまとめました。

たしかに設立手続きや税務会計などは、専門家に依頼したほうが有利な面も多々あります。ただし専門家に依頼するにしても、本書で基礎知識を得たうえで、自分の会社をどのようにしていきたいのかを考えて依頼したほうが、自社に適した定款や事業計画書、経理のプランなどを作成してもらえます。

会社を設立するだけであれば、簡単です。しかし売上をしっかり上げて、利益を出し、さらに人を雇うとなるとなかなか大変です。会社に勤めているときは毎月給料が振り込まれますが、自分が会社の経営者となると誰も給料はくれませんので、自分で稼がなければなりません。頼れるのは自分自身であり、会社のことを一番考えているのも自分です。

現在は１円から会社が設立できるようになり、起業するハードルは下がりましたが、会社設立後の現実が厳しいのは変わりません。しっかりと自己分析をし、綿密な事業計画書を作成して、必要な手続きや会社運営の流れをイメージしてから会社を設立することをおすすめします。

本書を手に取っていただいた皆様の成功を心からお祈りしております。

税理士・行政書士　**荒川一磨**

CONTENTS

第5章 従業員を雇う

第6章 経理・決算・税務の基本とコツ

※本書は特に明記しない限り、2025年4月1日現在の情報にもとづいています。

第1章

会社の基本を知る

会社は、会社法という法律に基づいて成り立ちます。
会社を設立するには、法律で決められたルールに
従わなければいけません。
まずは種類や設立方法など、会社の基本を理解しましょう。

西月堂
ドー…ン
ちとせの兄
和菓子職人
ちとせの父
和菓子職人
ちとせの母
経理販売担当
私
ウチのお店を
会社化することに
決めたから!!

はぁ!?
ネット販売を始めて新商品を出してからどんどん利益が増えてるでしょ?
きっと来年の税金はグンと高くなるし
節税するために会社にするってことか?
ええ! それに会社にすればさらなる成長戦略を描けるからよっ!!
キラ キラ
せ…成長戦略…?
たとえば今注文に対して少しずつ製造が間に合わなくなってるじゃない?
ピクッ
だから節税して浮いたお金で新しい和菓子機械を導入して…
夢のイメージ図
従業員も雇って生産力と販売力をアップさせるのよっ
ガタッ
いいかげんにしろっ!!

えらそうに何を言うかと思えば
お前は何もわかっちゃいねぇ!!
もう お父さんたら…落ち着いてよ!
うるせぇ!!
お前の意見には人の心が通っちゃいねぇんだっ
ウチの店はな代々手づくりの味わいと
お客さんとの触れ合いを大事にしてきたんだっ
お前はそれをすべて否定して金儲けだけしようと言っている!

ちっ ちがうっ
私 そんなことっ…
ちがわねぇ!
いいか二度と この話を すんじゃねぇぞ!
私だってウチが 代々大事にして きたものくらい わかってるわよっ
先輩は 言葉が足りない からなぁ
ドンッ
はは…
はぁ…ネットショッピング モールへの出店とか 海外進出とかのビジョンも 言えずじまいだったわ
先輩いつも 言ってました もんね!!
Imazon
幸K天
海外向けに 日持ちする 和菓子の研究も 進めてたんだから!
こういうビジョンや 行動力は本当に すごいなぁ…
プンスコ
まあ まあ

相変わらず無計画に夢を語ってますね
はぁ!?
すみません もっとくわしくお話をうかがいたくてお呼びしました
心太! あんたとうとうやる気に!!
本気で独立したいと考えてるから
知恵を貸してほしい…でしたね?
僕の場合**個人事業**って選択肢もあると思いまして…
個人か会社か独立するときに迷う人はたくさんいます
最初から会社化するのはこんな場合ですね
ポイント
最初から会社化することが多いケース
❶現在勤めている職場から顧客を譲ってもらえるので、最初から安定した売上が見込める。
❷会社員だが副業として2年ほど個人事業者もやっていて、3年目から消費税の課税事業者になる。
❸取引先が大手企業のため、法人でないと取引をしてくれない。
❹1人ではなく、仲間数人と共同で事業を始める。

ポイント

会社の種類は全部で4つ

	①株式会社	②合同会社	③合資会社	④合名会社
出資者の種類と人数	株主 1名以上	社員 1名以上	無限社員と有限社員 各1名以上	社員 1名以上
最高意思決定機関	株主総会	社員総会	社員総会	社員総会
責任の範囲	有限責任	有限責任	無限／有限責任	無限責任

なら…
有限責任のほうがいいじゃない!!
ですから
増資・上場
増資は、新たに株式を発行するなどして資本を増やすこと。上場は、株式などを売買取引の対象とすること。
迷ったときは認知度が高く増資や上場もできる株式会社を選ぶのが無難でしょうね
じゃあ…株式会社を第一候補に考えてみようか
そうですね!
では 設立する方法も決めておきましょう
設立する方法は全部で2つ
ポイント
2つの設立方法
募集設立
発起人以外の出資者も株主となる
発起設立
発起人が株主となり、経営者も務める

自分や家族だけが出資者になる場合は「発起設立」
それ以外の人にも幅広く出資を募る場合は「募集設立」ってことね
なるほど…
僕も先輩も発起設立ですかね…
そうね それがいいかも!
これで会社の基本はバッチリね!
あとは行動するのみ!!
グッ
やれやれ…あなたはまるでイノシシですね
行動する前に計画を立てるということを知らないんですか?
なんですってぇー

株式会社を設立するには
このようなステップが
必要になります

❶発起人の決定

発起人が設立メンバーとなる

❷会社の基本事項の決定

会社名や拠点、事業内容などを決める

❸事業目的の確認&商号調査

法務局で確認する

❹会社のハンコ作成&発起人・取締役になる人の印鑑証明書の取得

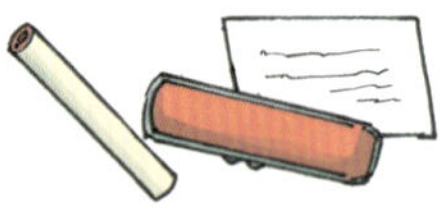

❺定款の作成

定款とは会社の基本ルールとなるもの

❻公証役場で定款の認証を受ける

登記時に認証を受けた定款が必要になる

❼金融機関で資本金の払込&証明書の発行

❽設立登記申請書を作成し法務局に申請する

審査に通れば
会社設立となる

❾法務局で登記事項証明書の取得

❿税金や社会保険関係の届出

今からスタートして実際に株式会社が誕生するまでには
これだけやることがあるんですよ？
わぁ・・・
ごくり・・
うっ・・・
でこれからあなたたちにアドバイスをしていくにあたっての報酬ですが
西月堂の和菓子１年分で手を打ちましょう
格安ですよ
見かけによらず超甘党…!?

会社のカタチは4種類

有限責任か無限責任か？ 出資者と経営者は誰か？

出資者の責任は有限か無限かがポイント

現在、設立することができる会社は、**①株式会社**、**②合同会社**、**③合資会社**、**④合名会社**の4種類。このうち、もっとも一般的なのは①株式会社です。

4種類の会社は、**出資者の責任が有限責任か無限責任か**で分けられます。

有限責任は①株式会社、②合同会社、④合資会社の有限責任社員です。一方、無限責任は③合資会社の無限責任社員、④合名会社になります。

たとえば、①株式会社が負債を抱えて破たんした場合、**出資者（株主）は出資金を失いますが、それ以上の負債に対して責任を負う必要はありません。**

一方、**事業で発生したすべての債務を返済する必要があるのが無限責任**になります。

①株式会社と②合同会社の大きなちがいは、**出資者と経営者の関係**です。**①株式会社は出資者（株主）と経営者が異なる場合もあります。対して、②合同会社は出資者が経営者となります。**

①株式会社は経営方針を株主総会（➡P39）で決める必要がありますが、②合同会社はそれが不要なので、すばやい経営を行えます。ただし、②合同会社は①株式会社と増資の方法が異なり、また株式上場ができません。特別な事情がなければ、①株式会社を選ぶのが一般的です。本書では、株式会社の設立を中心に解説していきます。

得知識　株式会社と持分会社のちがい

会社は株式会社と持分《もちぶん》会社の2つに分けることもできます。持分会社にあたるのが合同会社、合資会社、合名会社の3つです。株式会社では取締役が経営を行い、持分会社では社員（出資者を兼ねる）が経営を行います。

株式会社

❶株式会社
➡経営者は取締役

取締役

持分会社

❷合同会社
❸合資会社
❹合名会社
➡経営者は社員

社員

マメ知識　合同会社の増資は、「新たな社員を加入させ、その社員が出資する」「既存の社員が追加出資する」「資本余剰金を資本金に組み入れる」という3つの方法がある。

4種類の会社のちがいを把握しよう

<table>
<tr><th></th><th>❶株式会社</th><th>❷合同会社</th><th colspan="2">❸合資会社</th><th>❹合名会社</th></tr>
<tr><td>出資者の種類と人数</td><td>株主
1名以上</td><td>社員
1名以上</td><td colspan="2">社員
2名以上</td><td>社員
1名以上</td></tr>
<tr><td>定款の認証</td><td>必要</td><td>不要</td><td colspan="2">不要</td><td>不要</td></tr>
<tr><td>損益の分配</td><td>出資額に応じて</td><td>定款で定める</td><td colspan="2">定款で定める</td><td>定款で定める</td></tr>
<tr><td>登録免許税</td><td>15万円以上</td><td>6万円以上</td><td colspan="2">6万円</td><td>6万円</td></tr>
<tr><td>意思決定機関</td><td>株主総会</td><td>社員総会</td><td colspan="2">社員総会</td><td>社員総会</td></tr>
<tr><td>代表者</td><td>代表取締役</td><td>代表社員</td><td>有限責任社員</td><td>無限責任社員</td><td>社員</td></tr>
<tr><td>責任の範囲</td><td colspan="3">有限責任</td><td colspan="2">無限責任</td></tr>
</table>

有限責任

▶100万円出資して倒産した場合

返済の義務

100万円は戻ってこないが、それ以上の責任はない

義務の対象者

- 株式会社の株主
- 合同会社の社員
- 合資会社の有限責任社員

無限責任

▶100万円出資して倒産した場合

返済の義務

100万円を超えて発生した負債も返済する必要がある

義務の対象者

- 合名会社の社員
- 合資会社の無限責任社員

経営アドバイス　あとで会社の種類を変えることもできる!

会社の種類を変えることを「組織変更」または「種類変更」といいます。所定の手続きを行うことで、4種類の会社間でそれぞれ組織または種類変更をすることができます。

例 合同会社から株式会社へ組織変更をする

① 組織変更計画の作成
▼
② 組織変更計画についての社員全員の同意を得る
▼
③ 官報公告・債権者へ組織変更する旨を伝え、異議を申し立てた債権者への弁済措置を行う

用語解説　**増資、株式上場**：増資は、株式会社が資本を増やすこと。借金ではないので、返済する必要はない。上場は、株式などの証券を取引所で売買取引の対象とすること。株式公開とほぼ同じ意味。

発起《ほっき》設立と募集設立のちがいは？

2種類の設立方法

一般的なのは手続きが簡単な発起設立

株式会社の設立は、1人あるいは複数の発起人《ほっきにん》（↓P84）が中心となって進めます。発起人は設立時に発行する株式を引き受けて（自身で買って）株主となることで、会社に出資します。このように**発起人だけの出資で会社を設立することを発起設立**といいます。

一方、発起人以外からも株式の引受人、つまり出資者を募《つの》ることができます。このように**発起人以外にも出資者を募集する設立方法を、募集設立**と呼びます。

小規模な会社をつくる場合、発起設立を選ぶのが一般的です。募集設立に比べて手間がかからず、手続きが簡単だからです。

幅広い出資者から出資を集める募集設立

募集設立は発起人以外からも出資金を集めることができるので、より大きな会社をつくるときに適した設立方法といえるでしょう。また、**出資者の1人が遠い場所に住んでいて、発起人として設立手続きに携わるのが難しい場合**に、募集設立を選ぶこともあります。

しかし、募集設立は、出資金の払込金保管証明や創立総会の開催といった手間や費用がかさむので、注意が必要です。

発起設立と募集設立の特徴

	発起設立	募集設立
出資者	発起人（1人または複数人）	発起人や株主募集に応じた出資者
出資方法	現金・現物出資	現金・現物出資（現物は発起人のみ可）
経営形態	発起人が株主となる 	発起人以外も株主となる 

マメ知識 募集設立の場合は、創立総会を開く必要がある。設立後の株主総会にあたる意思決定機関となるが、会社の設立に関する事項に権限が限られている。

発起設立のほうが設立手続きがシンプル!

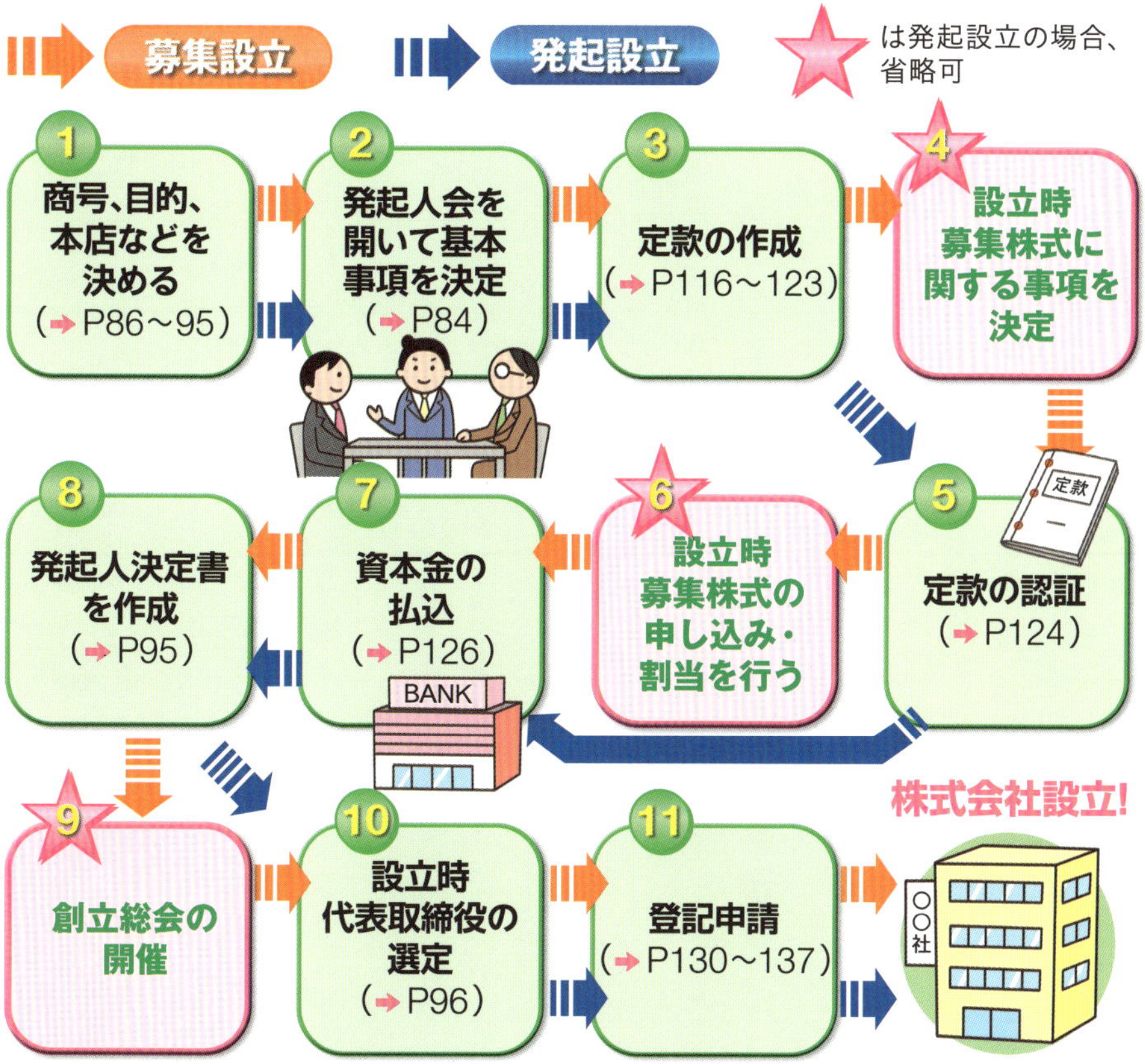

得知識 発起設立では払込金保管証明が不要!

　払込金保管証明とは、発起人などから現金出資の払込が行われたことを証明するもの。資本金の払込を取り扱う金融機関が発行します。募集設立の場合は、この証明書が必要です。発起設立の場合は、代表者が作成した払込の事実を証明する書面に、払込がされている預金通帳のコピーなどを合わせてとじた書類でもOKです（→P126）。

マメ知識 発起人が引き受けた株数に相当する金額を、銀行などの金融機関に払い込むことを資本金の払込という。認証済みの定款のコピーや株式払込事務取扱手数料など、金融機関に対する所定の申請手続きが必要になる。

What is a corporation?

☑ 基本知識
☐ 実践
☐ 記入見本

会社のオーナーとして決定権をにぎるのは誰？

株主にはどんな権限がある？

株主は株式会社の議決権を持つ

株式会社のオーナーとなるのは**株主**です。株主とは、その**会社に出資を行った人＝株式を引き受けた（買った）人**のことをいいます。個人事業者が1人で発起人＝株主になれば、実質的なオーナーの立場はそれまでと変わりありません。ただし、制度上は区別されることを把握しておきましょう。

発起設立（➡P34）の場合は、発起人が出資を行って株主となります。たとえば、自分1人が発起人となる場合、自分だけが株主＝オーナーとなります。

株主は**自益権**《じえきけん》、**共益権**《きょうえきけん》という権利を持っています。**自益権は株式の配当などを受ける権利**です。

共益権は、経営への参加に関わる権利（➡左ページ図）です。その共益権の中で重要なのは**株主総会**（➡P38）**での議決権**。株主は株主総会での決議を通して、会社の経営方針などを決定する権利を持つことになります。

株式の譲渡制限を設けて自社の経営権を守る

株主はそれぞれが持っている株式の数に応じて、平等に議決権を持ちます。株主総会の決議（➡P38）の大部分は、決議内容に応じて過半数から3分の2の議決権で決まります。つまり、過半数から3分の2の株式を持っている人がいれば、その人に経営権があることになります。

株式は原則として、自由に他人に譲渡できます。ただし、不本意な形で経営権が第三者の手に渡ってしまうのは困ります。そこで、会社が許可した人だけに株式を譲渡できる制限を設けることが認められています。

これを**株式の譲渡制限**といい、**この制限がある会社を非公開会社、制限のない会社を公開会社**と呼びます。

株式の譲渡制限を設けておくと、取締役会（➡P38）の設置が不要になるなど、会社運営を簡略化できるメリットもあります。そのため、**株式が第三者の手に渡る心配がなくても、譲渡制限を設けるのが一般的**です。

用語解説　**配当**：会社が利益（剰余金）の一部を出資者や株主に配ること。株主は事業を通じて得られた利益（剰余金）から、配当の請求をすることができる。

株主に与えられる2つの権利

自益権

株主自身のための権利

- **配当**を受けられる。
- 会社清算時に**残余財産**（債権者に借金を返したあとに残った財産）の分配を受けられる。

共益権

会社の経営に関わる権利

- 株主総会の**招集**を求めることができる。
- 株主総会で**議決権**を行使できる。
- 取締役の行為に対して**差し止め請求**ができる。
- **取締役の解任**を提起できる。

株主は共益権を使うことで、経営判断を下すことができる

非公開会社と公開会社のちがい

	非公開会社	公開会社
株主総会の開催	原則1週間前に招集通知	原則2週間前に招集通知
取締役の設置	必要	必要
取締役の任期	最長10年まで延長できる	最長2年。延長はできない
取締役の数	**1人以上**	**3人以上**
取締役会の設置	**任意。**設置しなくてもOK	**必要**
監査役（➡P39）の設置	**任意。**設置しなくてもOK	**必要**
監査役の任期	最長10年まで延長できる	最長4年。延長はできない

マメ知識 役員は任期満了で退任となるが、再任することでその立場を維持することができる。その場合は、法務局で重任（再任）登記の手続きが必要。

株主総会と取締役会とは？

もっとも強い決定権を持つのは株主総会

株主総会が会社の最高意思決定機関となる

株式会社には、必ず**株主総会**を設置しなくてはなりません。定款《ていかん》（↓P116）の変更や取締役の選任など、会社の基本的なことを決める場で、株主全員が参加できます。

株式会社は会社ごとに定めた事業年度終了から3カ月以内に、**定時株主総会**を開かなくてはなりません。また、定時株主総会以外に必要に応じて、そのつど取り上げられた議題について決定を下す**臨時株主総会**も開かれます。

株主総会で決められることについては、重要度が高い順に**特殊決議**、**特別決議**、**普通決議**の3つがあります。それぞれで、決められる内容や議決に必要な株主の賛成比率がちがいます。

取締役会を設置することで迅速な経営体制をつくれる

取締役会を設置すれば、株主総会を通さずにさまざまな決定を行えます。すばやい経営判断を下せる点がメリットです。

取締役とは会社の経営に携わる人のことで、会社には最低1人以上の取締役が必要になります。**取締役会は、3人以上の取締役で構成され、株主から経営を委ねられる機関**です。公開会社は設置が必須ですが、非公開会社は任意となります。

株主と役員のちがい

株主

会社の株式を買う形で、会社に出資する人のこと。会社のオーナーとなる。

役員

取締役、監査役、会計参与のこと。会社の経営の実務を担う。

ポイント

- 株主となっても、役員にはならない（経営の実務には携わらない）ケースもある。その逆もあり得る。
- 発起人（➡P84）は、1株以上買うので必ず株主となる。

用語解説

普通決議：剰余金の配当や取締役の選任・解任などについて、決議を行うこと。定足数以上の株主が出席し、その株主の議決権の過半数で決議される。

株主総会と取締役会の基本

株主総会

会社の経営方針などを決める最高意思決定機関

- 株主全員が参加できる。
- 定時株主総会と臨時株主総会の２種類がある。

取締役会

株主から経営を任された会社の意思決定機関

- ３人以上の取締役と、１名以上の監査役または会計参与で構成される。
- 一定の決議については、株主総会を通さないで決められる。

株主総会で行うこと

- 剰余金の配当
- 取締役の選任・解任
- 定款の変更
- 資本の減少・合併 など

定時株主総会とは

事業年度が終わってから、一定期間のうちに開くもの。決算報告と承認、剰余金の配当などが取り決められる。

臨時株主総会とは

必要に応じて開くもの。欠員が出た取締役の選任、新株の予約権の発行などが取り決められる。

取締役会で行うこと

- 株主総会の招集に関する日時・場所などの決定
- 代表取締役の選定・解職。
- 事業部などの設置・変更・廃止 など

監査役とは

取締役が行う職務を客観的な立場でチェックし、企業の健全な成長を確保するための役職。取締役の不正を防いだり、是正したりすることができる。

会計参与とは

取締役とともに計算書類の作成などを行う役職。税理士など会計のプロが務める。決算書の信頼性向上など、対外的な信用を高められる。

マメ知識 株主総会は会社に必須の機関だが、１人で設立した会社は、その１人がすべての決定権を持つことになる。ただし、その場合も法律に基づいて、議事録を作成しておく必要がある。

What is a corporation?

- ☑ 基本知識
- ☐ 実践
- ☐ 記入見本

会社設立までの流れとスケジュール

スムーズな手続きのためにおおまかな流れをつかんでおこう

まずは会社の具体的なかたちをイメージする

公証役場で定款（→P116）の認証を受けたり、登記所で登記を申請したりと、設立手続きは複雑で手間がかかります。こうした不慣れな手続きをスムーズにこなすために、設立までの流れを頭に入れておきましょう。

手続きは左ページのように、大きく5つのステップに分けられます。

ステップ①では、**手続きの事前準備**を行います。設立メンバーとなる発起人を決め、社名や事業内容など会社の基本事項をまとめていきます。

ステップ②では、**定款と呼ばれる会社のルールブックを作成**します。公証役場の認証を受けることで、はじめて登記申請に有効なものとなります。必要事項が記載されていないと、認証を受けられませんので注意しましょう。

ステップ③では、**資本金の払込**を行います。設立時の取締役・監査役となる人が資本金の払込が行われたことをしっかり確認する必要があります。

いよいよステップ④で、**登記申請**を行います。多くの書類が必要となるので、よく注意してそろえるようにしてください。

晴れて登記が完了したら、ステップ⑤**税金&社会保険の届出**です。納税や社会保険への加入は会社の義務ですので、登記後、すみやかに届出を行うようにしましょう。

これからつくる会社のイメージを固める

会社の種類は?	株式会社 or 合同会社 or 合資会社 or 合名会社
設立方法は?	発起設立 or 募集設立
事業規模は?	資本金、売上見込みなどを検討する
ビジネスモデルは?	自社商品・サービスと市場、競合などについて考える
発起人は?	1人で or 知人と or 家族と
場所は?	事業に適した本店所在地を決める

マメ知識　株式会社の設立日は、法務局に設立登記申請書を提出した日（土日祝日を除く）。ただし補正（→P131）が必要な場合もある。

会社設立の手続きスケジュール（発起設立）

Step 1 手続きの準備

発起人の決定
設立メンバーとなる発起人を決める。 ➡P84

会社の基本事項の決定
会社の目的、社名、事業内容、本店所在地、資本金の額、役員構成などを決める。 ➡P86～97

事業目的の確認・商号調査
事業目的が適格かどうか、商号の重複がないかを**法務局**で確認してもらう。 ➡P86～89

会社の印鑑作成・印鑑証明書の取得
代表者印、銀行印、角印などを作成する。 ➡P98

約2週間～1カ月間

Step 2 定款づくり

定款の作成
会社の基本ルールとなる定款をつくる。 ➡P116～123

定款の認証を受ける
公証役場で、定款の認証を受ける。 ➡P124

Step 3 資本金の払込

資本金の払込・証明書の発行
資本金を**代表者の個人口座**に払込み、取締役・監査役が払込を調査、確認し、その通帳をコピーする。 ➡P126

Step 4 登記申請

設立登記申請書の作成と申請
法務局（登記所）に設立登記申請書を申請する。原則、取締役・監査役による払込の調査から2週間以内に行う。 ➡P130～137

5～9日

登記事項証明書の取得
登記が完了したら、**法務局**で登記事項証明書を取得する。 ➡P138

3～7日

Step 5 税金&社会保険の届出

各種届出
税金関係や社会保険関係の届出を行う。設立から届出までに期限があるものもあるので注意。 ➡P140～147、P170～181

マメ知識 会社設立でとくに時間がかかるのは、定款をつくる作業。もし手間や費用を惜しまないなら、あとから定款を変更することもできるので、設立を急ぐ場合は一般的な定款をひな形とすることもできる。

ケーススタディ 1

手続きが複雑すぎて自分ではできなかった…

[専門家の力を上手に借りるコツ]

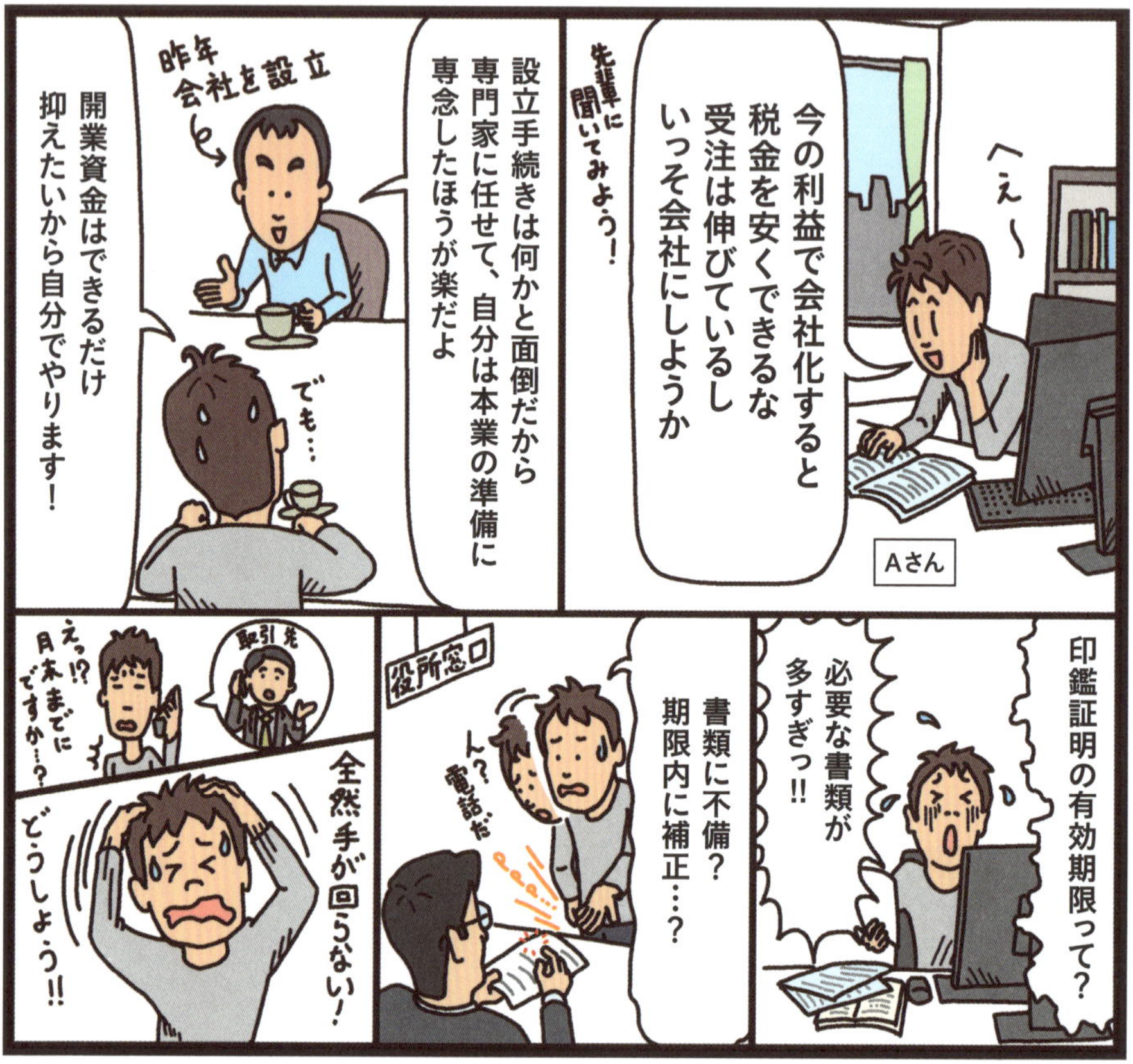

原因

費用を抑えようとしたらかえって高くつくことに…

会社設立の手続きをすべて自分で行う場合、1～2カ月ほどはかかるでしょう。手続きのために用意する必要書類は20種類近く。

しかも、設立手続きを行う時期は、同時に事業を始める準備もしているもの。**Aさんのように本業が忙しく手が回らない場合もあれば、取引業者との交渉や店舗・事務所探しなどを同時進行でやる場合もあります。**

こうしたことから、設立手続きを専門家に丸ごと代行してもらっている人も少なくありません。

Aさんは設立費用をできるだけ少なくしたいからと、専門家に頼ることは考えず、すべて自分で行おうとしました。しかし、かかった時間や手間も考えると、正しい選択だったとはいえないようです。

設立手続きの費用とおもな専門家

	自分で設立する場合	専門家に代行してもらう場合
定款の認証代	32,000円以上	32,000円以上
定款の収入印紙代	40,000円	0円（電子認証のため）
登録免許税	150,000円以上	150,000円以上
代行手数料	0円	専門家によって異なる

40,000円以下なら、自分でやるよりも安くすむ！

※一般的に、多くの専門家は代行手数料を40,000円以内に抑えており、大差はない。あとは将来的に長い付き合いができそうかなど、"相性"の部分が大事になる。

会社設立前後で力になってくれるさまざまな専門家

● 税理士
税務に関する専門家。会社の税務申告は複雑なため、税理士に依頼するのが一般的。税務・会計業務を丸ごと任せられるほか、節税アドバイスも受けられる。

● 行政書士
官公署に提出する書類を作成する専門家。会社の設立手続きはもちろん、許認可の申請書作成や契約書の作成なども代行してくれる。

● 公認会計士
会計の専門家。大企業の会計監査が本業だが、税理士資格も持ち、税理士と同様の業務を請け負っている人もいる。

● 社会保険労務士
人事労務の専門家。社会保険・労働保険の手続きなどを代行してくれる。就業規則や給与規定の作成などを頼むことができるほか、人事労務全般のコンサルティングを行っている人もいる。

● 司法書士
登記の専門家。会社設立や不動産の登記など、法務局などに提出する書類の作成を代行してくれる。法務大臣の認定を受けた司法書士には、簡易的な民事訴訟の相談・代理も頼める。

● 弁護士
法律トラブルが発生したとき、契約書の確認をしてもらいたいときなどに頼ることになる。顧問契約料は高額なので、小さい会社の場合は、問題が発生したときにスポット依頼することが多い。

対策

専門家に頼んだほうが早くて安上がり！

実は代行手数料が4万円以下なら、専門家に任せたほうが安上がりです。なぜなら、収入印紙代4万円がかからない定款の電子認証（→P150）を行ってくれるから。

自分で電子認証を行うこともできますが、費用や手間の面で初心者には敷居が高くなっています。

また、専門家なら早くて1日、通常でも数週間で手続きを終えてくれるので時間的なメリットもあります。

さまざまな専門家の中でも、比較的リーズナブルに設立手続きを依頼できるのは税理士でしょう。設立後も税務申告を依頼するなど、長く付き合う場合もあります。そのため、税理士側も顧客との最初の接点をつくるために、設立費用を格安にしてくれることが多いのです。

COLUMN 1

「2023年10月に始まったインボイス制度への対応」

課税事業者は仕入れなどで支払った消費税に対し、売上を通じて顧客から預かった消費税が多い場合、差額を国に納めなくてはいけません。ただし消費税額の計算は煩雑なので、基準期間の課税売上が１０００万円以下などの小規模な事業者は、「免税事業者」として消費税の納税義務を免除されます。

２０２３年10月から、インボイス（適格請求書）制度が施行されました。登録番号や税率ごとに区分した消費税額を記載した適格請求書（インボイス）の発行・保存を義務づける制度です。インボイスを発行するには、登録申請を行って適格請求書発行事業者になる必要があります。ただし、適格請求書発行事業者になるには、消費税の課税事業者であることが要件です。したがって免税事業者はインボイスの発行ができません。

インボイス制度により、消費税の仕入税額控除を受けるために、インボイスが必要になります。つまり、インボイスを発行できない免税事業者は、取引相手が仕入税額控除を受けられないため、取引で不利になることが避けられません。課税事業者の届出をすれば適格請求書発行事業者として登録できますが、消費税の申告納税義務を負います。

制度が始まる２０２３年10月から6年間は、経過措置が設けられています。この間は適格請求書発行事業者以外からの課税仕入れも、一定割合を控除の対象と見なすことが可能です。

第2章

事業計画を立てて資金を集める

誰でも所定の手続きを踏めば、会社をつくれます。
しかし、会社の経営を軌道に乗せるためには、
しっかりとした計画を立てる必要があります。
第２章では、事業計画の立て方と事業に必要な資金の集め方を解説します。

○○信用金庫××支店
○○信用金庫
……という
戦略が当たって
売上が伸びました!
今後は会社化し
販売力と
生産力を高めるために
ぜひ融資を
お願いしたく…
なるほど
よくわかりました
××支店
担当者
ニコッ
お若いのに
大変熱心ですばらしい
で
どのようなニーズを
見込まれて
ネットショッピングモールや
海外プラットフォームへ
出店しようと
考えているんです?
ニッ…ニーズ…?

あと具体的な投資の規模と回収計画はどう考えていますか？
雇用計画は？
人件費と利益のバランスは？
うっ
えっと…
それはまだ検討中で…
私も西月堂さんのお力になりたいですが
それには足りないものがあります
足りないもの…？
ぐっ
事業計画書…
事業の方針や内容資金や利益に関する計画について
人に伝わるように具体的にまとめた書類です

経営者は自分のビジョンが実現するという裏付けを根拠立てて考えなくてはいけません
そうすることで事業の成功確度が上がりますし金融機関など周囲の人の協力も得やすくなります
じゃあ ここに来る前に言えばいいじゃない!!
ガタッ
バカッ 恥かいたわ
やれやれ…
どうせあなたは前もって丁寧に教えたところで聞く耳を持たないでしょう
たしかに！
くっ…じゃあ…教えて下さい事業計画書のつくり方を…
よろこんで！

事業計画書に決まった形はありません
作成する目的や事業内容 規模などによって変わります
ポイント
事業計画書作成の基本ステップ
1 事業のコンセプトと事業の内容を決める
2 資金計画を立てる
3 利益計画を立てる
4 事業計画書に落とし込む
私の事業内容は…「ネットショッピングモールへの出店」などね
僕は「ソーシャルネットワークゲームの企画制作」です
しかしそれだけでは具体的にどのようなビジネスを行うのか
私のような第三者には伝わりません
そこで事業コンセプトを考えてみてください
ポイント
事業コンセプトは2W2Hで整理する
Who（誰に）
年齢、性別、所得、家族構成、趣味嗜好などでターゲットを絞る。
What（何を）
提供する商品・サービスについて、その強みを明確化する。
How to do（どのように）
生産・仕入れ方法、流通方法、宣伝方法、販売方法を具体化する。
How much（いくらで）
コストを計算し、提供価格を決め、売上・利益を予測する。

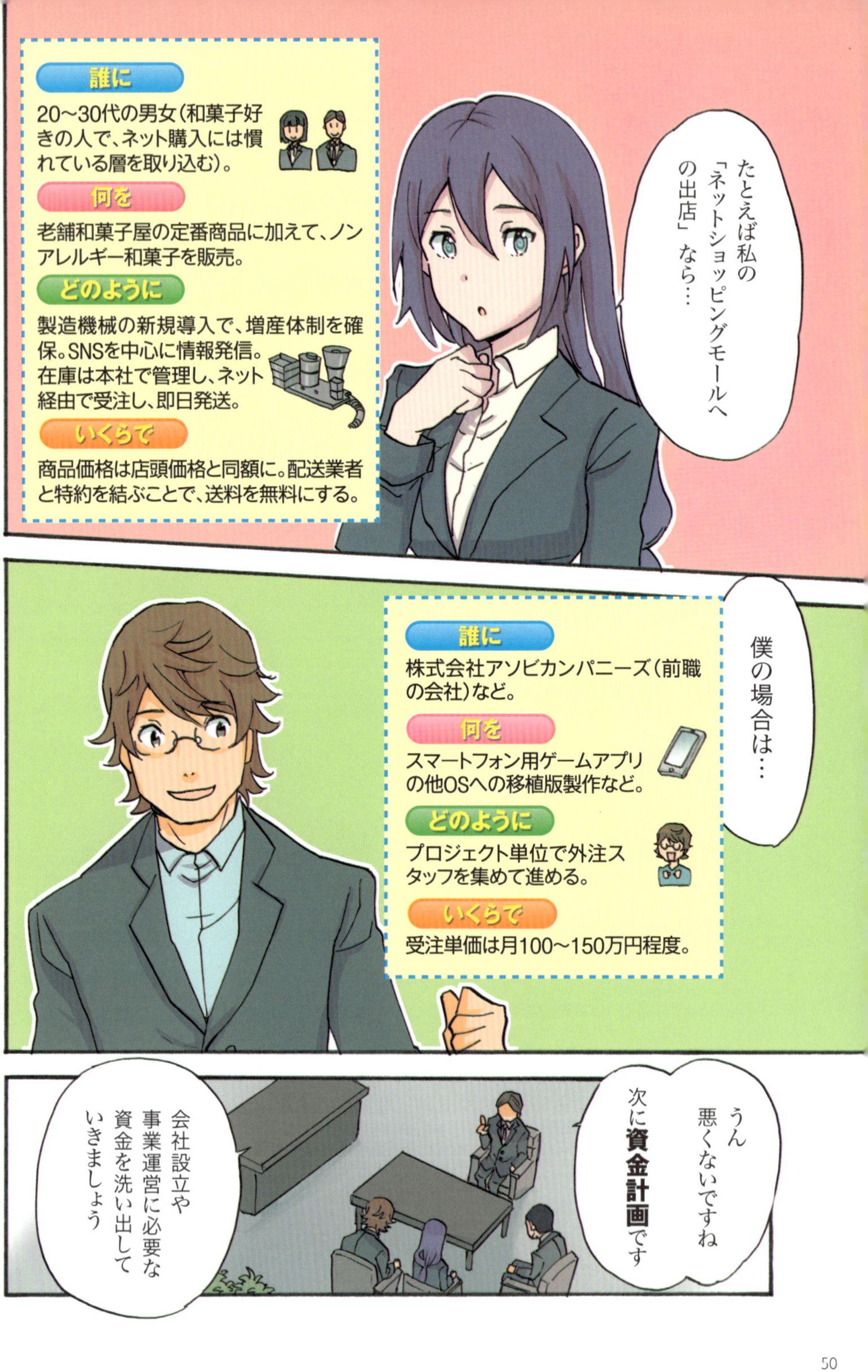

たとえば私の「ネットショッピングモールへの出店」なら…
誰に
20～30代の男女（和菓子好きの人で、ネット購入には慣れている層を取り込む）。
何を
老舗和菓子屋の定番商品に加えて、ノンアレルギー和菓子を販売。
どのように
製造機械の新規導入で、増産体制を確保。SNSを中心に情報発信。在庫は本社で管理し、ネット経由で受注し、即日発送。
いくらで
商品価格は店頭価格と同額に。配送業者と特約を結ぶことで、送料を無料にする。
僕の場合は…
誰に
株式会社アソビカンパニーズ（前職の会社）など。
何を
スマートフォン用ゲームアプリの他OSへの移植版製作など。
どのように
プロジェクト単位で外注スタッフを集めて進める。
いくらで
受注単価は月100～150万円程度。
うん 悪くないですね 次に**資金計画**です
会社設立や事業運営に必要な資金を洗い出していきましょう

それにはこのような資金計画作成シートなどを使うと便利です
準備資金
名目
金額
事務所
敷金
保証金
家賃
駐車場代
内装・外装工事費
備品
オフィス家具
パソコン・IT機器
名刺・封筒
事務用品ほか
広告
ウェブ広告
仕入
仕入
材料
金額合計
円
→P58
運転資金（1カ月分）
名目
金額
原価
仕入
材料
販売費および一般管理費
家賃
駐車場代
水道光熱費
人件費
旅費交通費
消耗品費
広告費
通信費
返済
円
→P59
過去の実績がある場合はそれを参考にしたり
実際に見積書をとったり裏付けのある数字にすることが大切ですよ
利益計画はどのように考えるんですか？
まずは利益のしくみを押さえておきましょうか
売上からそれを得るためにかかった費用を差し引いたものが利益ね!!
利益 ＝ 売上（収益） － 費用
少なくとも3～5年先まで見据えた利益計画を立ててみてください
このように必要なことを整理して
具体的な書類に落とし込んだらまたお会いしましょう

お金のこと もっと真剣に考えないといけないわね…
ズ〜ン
ヨロヨロ
お父さんの説得もままならないし
お金を借りてまで無理にやることはないのかも…
諦めちゃうんですか…？
だって…
やれやれ
その程度の考えならたしかに今すぐやめたほうが賢明ですね
うっ… この…
経営者が夢を持つこと自体は間違いじゃありません

優れた経営者はみな自分の事業によって叶えたい夢を持っていますあなたは…
それの正しい描き方を知らなかっただけです
本気で成功したいなら簡単に諦めてはいけません
フン
あなたにまだやる気があるなら**資金づくり**について教えますが？
あるに決まってるでしょ!!
ほっ…

ポイント
資金づくりの方法
1 自己資金を確保する
お金
2 出資を募る
募集
3 金融機関から融資を受ける
よろしい‼ 資金づくりの方法は おもにこの3つ
でも 現実問題 僕らが銀行から 融資を受けられるん でしょうか?
そうですね **信用保証協会**を 利用すれば 可能性はあります
信用保証 協会って?
ざっくり言うと 中小企業が 金融機関から 借入をする ために
保証人と なってくれる 公的な団体 のことです
そんな団体が あったんだ‼
それと民間金融機関は **都市銀行　地方銀行　信用金庫　信用組合**の 4つに分けられますが 後者になるほど
融資のハードルは低くなります
ウチの地域にある 信用金庫や信用組合なら 融資の相談に 乗ってくれるかも…

さらに融資してくれる可能性が大きいのは政府系金融機関ですね
日本政策金融公庫や商工組合中央金庫など
政府系?
個人事業者や小規模企業の開業支援を大きな目的の1つとしているため
そういった人向けのプランが充実しているんです
おおっ! なんだか希望が見えてきたわねっ!!
よし 心太! さっそく帰って事業計画書づくりからやるわよ!!
ドンッ
あっ 先パイ あぶな…
カシャン
あれ 可愛い女の子…
娘さんですか?
へぇ~ 見せて見せて!!
ええいっ うっとおしい!
いいから帰りたまえっ
まさか そういうマニアだったり…
え…
ちがうっ!

具体性と現実味が事業成功の成否をにぎる!

事業計画① 事業計画書のポイント

社内外の理解や協力を得るために大切な事業計画

会社設立時は、あらかじめ自社の**事業計画**を明確にしておくことが大切です。**自分の目的意識をはっきりさせられる**だけでなく、**社内外の関係者を説得し、理解や協力を得るうえで大きな力を発揮する**からです。

このような事業計画をまとめた書類を**事業計画書**といいます。その形式はさまざまです。

本書では、融資の相談先として有力な日本政策金融公庫（➡P68）が用意している創業計画書をつくる前提で、事業計画書のつくり方について見ていきましょう。

いかに現実的で具体的な事業計画を準備できるか

事業計画書には、さまざまな情報が盛り込まれます。たとえば、開業の意気込みをアピールする**動機**、信用の源泉となる**経営者の経歴**、**どんな商品・サービスをどんな取引先を通じて提供するか**という事業コンセプト、開業と運営にいくらお金が必要かという**資金計画**、この事業でいくら利益があがるかという**利益計画**などです。

自身の経験や市場分析、見積書など、根拠を踏まえて具体的な計画を示すことが重要になります。どれだけ現実味ある事業計画を準備できるかが、事業の成否をにぎっているのです。

経営アドバイス 自社の「強み」を考えよう!

事業計画を立てる際、とくに注力して考えたいのが自社の「強み」。つまり、会社が勝ち残るための武器です。競合ひしめくなかで事業を成功させるには、自社の強みに特化した経営が欠かせません。自分にどのような武器があるのか、じっくり時間をとって見つめ直してみてください。

例
- 高度なスキルや知識がある
- 幅広い人脈があり、協力者が多い
- 潤沢な資金力がある
- 特許や資格を得ている
- すでに高い知名度がある

マメ知識 「何のためにこの会社を経営するのか」という「経営理念」を考えておくことも大事。経営判断を下すときの大事な指針となる。

創業計画書に盛り込まれるおもな項目

日本政策金融公庫が用意している創業計画書(➡P62)はシンプルな書面だが、事業計画書に不可欠な要素がそろっている。創業計画書のつくり方を学ぶ中で、事業計画のポイントを理解していこう。

1 創業の動機

ビジョンや意気込みを説明する。

POINT!

- **これから始めるビジネスの理念やビジョンを示す。**
- **参入する市場の活性化や雇用促進など、社会貢献という視点もアピールするとよい。**

2 経営者の経験等

自分がこれまで経験してきたこと、得てきたスキルなどを説明する。

POINT!

- **事業に関連した経験・スキルを優先的に盛り込む。**
- **未経験の業種の場合は、経営者としての素養や不屈の意気込みが伝わるような経験等を示す。**

3 取り扱い商品・サービス

自社の商品・サービスと販売価格、売上シェアの見込みなどを説明する。

POINT!

- **ラインナップだけでなく、自社のものがとくに優れている点などにも触れられるとよい。**
- **専門外の人でもポイントを把握できるよう、わかりやすい記述を心がける。**

4 取引先・取引関係等

取引先について、名称やシェア、取引条件などを説明する。

POINT!

- **掛け取引(➡P205)の割合や取引条件など、できるだけ具体的に記入することが大事。**
- **各取引先と交わした契約書、発注書、見積書なども添付書類として用意する。**

5 必要な資金と調達方法

開業に必要な資金に対し、どのように資金調達を行うかを示す。

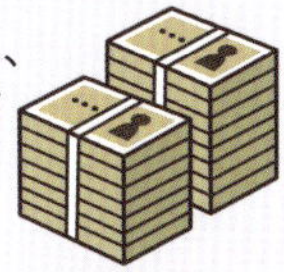

POINT!

- **実際に見積書をとるなどして根拠ある数字を示す。**
- **むやみに大きな金額を挙げるのでなく、小規模な投資から確実に成長させていく意識で考える。**

さらに詳しく!➡P58

6 事業の見通し

創業当初と軌道に乗ったあとに分けて、利益計画を示す項目。

POINT!

- **先に売上高を決め、そこから売上原価や経費を算出したものを記入する。**
- **売上高は市場分析や競合他社の成績などを踏まえ、少し厳しいくらいの数字にする。**

さらに詳しく!➡P60

マメ知識 現在は有効なビジネスモデルでも、技術の進歩やトレンドの移り変わりで優位性を失うことがある。そのため、事業環境の変化とそれに対する備え、つまり「リスク分析と対策」を盛り込むと、事業計画の説得力が増す。

事業に必要なお金を算出しよう

事業計画② 資金計画を立てる

1円で会社は運営できない!

「資本金1円で会社がつくれる」というのは、よく耳にする話です。

しかし資本金とは、会社が事業を始めるときの元手となる資金のことなので、実際には1円では電話1本かけられませんし、社会的な信用も得られません。ですから、**事業開始時には事業内容に応じてまとまった資金が必要**になります。

シミュレーションで問題点をチェック

そこで、何にどれくらいのお金が必

準備資金(開業資金)を算出する

事務所の賃借料や内装・外装の工事費用、オフィス家具・パソコンなどの備品費、初期の広告費、仕入費などの項目に分け、開業時に必要な資金を洗い出す。

●準備資金

	名目	金額
事務所	保証金	900,000
	保証会社保証料	180,000
	家賃	180,000
	駐車場代	20,000
	内装・外装工事費	500,000
備品	オフィス家具	150,000
	パソコン・IT 機器	300,000
	名刺・封筒	50,000
	事務用品ほか	40,000
広告	ウェブ広告	40,000
仕入	仕入	70,000
	材料	0
	金額合計	2,430,000

単位:円

内装・外装工事費は実際に見積書をとるなどして、正確な金額にするとよい。

店舗・事務所のレイアウトを具体的に考えて、必要な備品をリストアップする。

開業前に行う広告宣伝の費用は、開業資金に含んでおく。

開業時の仕入れや材料の費用も開業資金に入れる。

マメ知識 会社を創業した直後は経費がふくらみがちであり、一時的な赤字に陥ることがよくある。これを創業赤字といい、金融機関から要注意先と見なされることは少ない。

要になるのかという**資金計画**を立てましょう。

大きく**準備資金（開業資金）**と**運転資金**に分けて、事業に必要な資金を洗い出していきます（↓下図参照）。

必要な資金額がわかれば、月ごとに必要な売上なども見えてきます。その売上目標が実現可能かどうか、競合他社の事例を調べるなどして、より正確な予測を立てるようにしましょう。

会社設立後すぐ資金繰りに苦しむのは、こうした**資金計画が不十分**だったケースが大半です。

たとえどのような事業であっても、売上が安定するまでの一定期間は、赤字になるものです。そのため、3カ月～半年分の運転資金を確保しておくことが大切です。

自分が行うビジネスを具体的にイメージして、何にどれくらいの資金が必要になるのか、しっかり洗い出しておきましょう。

運転資金を算出する

月々の売上原価（仕入費・材料費）、諸経費（家賃、水道光熱費、人件費など）、返済などで項目を分けて、毎月の会社運営にかかる費用を洗い出す。

●運転資金（1カ月分）

	名目	金額
原価	仕入	70,000
	材料	0
販売費および一般管理費	家賃	180,000
	駐車場代	20,000
	水道光熱費	20,000
	人件費	400,000
	旅費交通費	30,000
	消耗品費	20,000
	広告費	40,000
	通信費	20,000
返済	借り入れ	80,000
	リース料	20,000
	金額合計	900,000

単位：円

月々の仕入れ・材料費を計上。売上によって変動するコストとなる。

家賃や人件費は、売上に関係なく、固定されるコストとなる。

人件費の中に、役員報酬や社会保険料の見込みも含めておくとよい。

借入金の返済も、運転資金にきちんと含めておく。

マメ知識 中小企業庁が毎年発表している「中小企業実態基本調査」は業種ごとの経営・財務情報がまとめられており、仕入れの見積りなどの参考として利用できる。

利益と売上、費用の関係をきちんと理解しよう

事業計画③ 利益計画を立てる

利益計画は事業を続けるために必要不可欠

利益とは、売上（収益）からそれを得るためにかかった費用を差し引いた儲《もう》けです**（利益＝売上－費用）**。利益は経営者自身の収入（役員報酬）、今後の投資、借入金の返済など、**事業を継続するために利益は欠かせないものに**なるので、根拠に基づいて数字を示す必要があります。

このように実現すべき利益を設定して、具体的な数字に落とし込んだものを**利益計画**といいます。利益計画に決まった方法はありません。起業後すぐは、まず1年間の短期スパンで考えるのもいいでしょう。

自分の事業プランをもとにシミュレーションしよう

実際にシミュレーションしてみましょう。左図ではラーメン店を例にしています。原価率や経費は固定として、創業当初の回転率が1日あたり2回転とすると、1カ月の利益は34万円。これでは苦しい経営を強いられます。ところが繁盛して回転率が4回転に伸びると、**仮に人手を増やしても、毎月98万円の利益**が上がります。

このように**条件が変わると事業の成否を分けるほど利益の差が生じる**ことがわかります。あとは実際に4回転の集客が可能かどうかなどを詰めていきましょう。

「売上」「売上原価」「利益」

利益計画を立てるうえで必要な「売上」「売上原価」「利益」の計算方法を理解しておこう。

売上 ＝ 客単価 × 平均客数（席数×回転率） × 営業日数

売上原価 ＝ 売上 × 原価率

利益 ＝ 売上（収益） － 費用

用語解説 **収益**：売上とほぼ同じ意味だが、配当金や利子なども含まれる。大きく営業収益、営業外収益、特別利益の3つに分けられる。

利益計画を立ててみる

開業前に売上目標を立て、そこから固定費・変動費を差し引くことで利益を算出する。それを創業当初と、軌道に乗った後（半年〜3年後程度）といった区分けで計算してみよう。

例　あるラーメン店の場合

座席 ▶ 20席　平均客単価 ▶ 1,000円　原価率 ▶ 30％

創業当初

● 平均2回転、固定費50万円

▶ 売上

平均客単価　座席数　回転率　営業日数
1,000円 ×（20席×2回転）× 30日
売上（月間）
＝**120万円**

▶ 売上原価

売上（月間）　原価率　売上原価
120万円 × 30％ ＝**36万円**

▶ 利益

売上（月間）　売上原価　経費（固定費）
120万円−（36万円＋50万円）
利益
＝**34万円**

軌道に乗った後

● 平均4回転、固定費70万円

▶ 売上

平均客単価　座席数　回転率　営業日数
1,000円 ×（20席×4回転）× 30日
売上（月間）
＝**240万円**

▶ 売上原価

売上（月間）　原価率　売上原価
240万円 × 30％ ＝**72万円**

▶ 利益

売上（月間）　売上原価　経費（固定費）
240万円 −（72万円＋70万円）
利益
＝**98万円**

これを利益計画表に落とし込む！

● 利益計画表

		創業当初	軌道に乗った後
①売上		120万円	240万円
②売上原価（変動費）		36万円	72万円
③経費（固定費）	人件費	20万円	40万円
	家賃	20万円	20万円
	支払利息	5万円	5万円
	その他	10万円	10万円
	③の合計	50万円	70万円
利益（①−②−③）		39万円	103万円

P59「運転資金」の原価にあたる項目。

P59「運転資金」の一般管理費＋返済にあたる項目。

マメ知識　変動費は仕入や材料費のことなので、売上が増えれば高くなり、減れば低くなる。一方、固定費は家賃や人件費などが含まれ、売上の増減に関わらず一定となる。そのため、固定費の圧縮は利益拡大に直結する。

書き方

「創業計画書」の記入例

下の見本は、日本政策金融公庫に融資を申し込む際に必要な「創業計画書」。事業計画書に必要な要素がそろっているので、自分の事業計画書作りに役立てよう。

創　業　計　画　書

本図は日本政策金融公庫に融資を申し込む際の書面。

月　　　日作成〕

お名前　株式会社エスクリエイト

1　創業の動機（創業されるのは、どのような目的、動機からですか。）

・会社員時代にソーシャルネットワークゲームの企画開発・制作に携わり、社会的に大きな認知を得た作品を生み出してきた経験を活かしたい。
・元勤務先や取引先などからのサポートも得ることができ、独立起業の見通しが立った。

創業の経緯、事業の特徴、この事業を始めたいという意思と成功への見込みを具体的にアピールする。

2　経営者の略歴等（略歴については、勤務先名だけではなく、担当業務や役職、身につけた技能等に

年　月	内　容
XX年3月	○×大学理工学部卒
XX年4月	（株）アソビカンパニーズ入社（ソフトウェア開発業）8年勤務
	（6年目よりチーフプログラマーに昇格）
XX年12月	退職（退職金100万円）
XX年6月	株式会社エスクリエイト設立　現在に至る

過去の職歴は勤務先と年数を明記。

過去の事業経験	☒事業を経営していたことはない。 ☐事業を経営していたことがあり、現在もその事業を続けている。（事業内容 ☐事業を経営していたことがあるが、既にその事業をやめている。（やめた時
取得資格	☐特になし　☒有　（ソフトウェア開発技術者資格（XX年5月）　番号等
知的財産権等	☒特になし　☐有　（　☐申請

3　取扱商品・サービス

事業内容	・コンピューターゲームソフトのプログラムおよびデザインの開発（開発期間6ヵ月～2年ほど）。業務請負だけでなく、自社開発ゲームの販売も拡大していく。				
取扱商品・サービスの内容	①ゲームプログラム・デザインの制作業務請負　（株）アソビカンパニーズ他　300～500万円/件（売上シェア　70　%） ②自社プロデュースのソーシャルネットワーク　ゲームの販売（売上シェア　30　%） ③（売上シェア　%）				
客単価（飲食・小売等）	円	受注（販売）単価（建設・製造等）	万円　～　万円		
営業日数（月）（飲食・小売等）	日	定休日（飲食・小売等）		営業時間（飲食・小売等）	～
セールスポイント	・ヒット作品を生み出してきたノウハウと信頼を活かして、クライアント各社から定期的に制作業務を請け負いながら、自社プロデュース作品も年1～2本のペースで発表していく。				
販売ターゲット・販売戦略	・元勤務先である（株）アソビカンパニーズからの業務請負（○月×日契約締結済）をベースに、新規営業も積極的に行い、クライアントの幅を広げる。 ・とくに小規模・零細企業向けの広告案件などを増やしていく。				
競合・市場など企業を取り巻く状況	・小規模・零細企業においても、比較的低コストで制作でき、簡単に遊べるゲームを自社サイトや商品に組み込みたいというニーズが増えている。 ・当社のように小回りが利き、企画開発から運用・管理まで一貫して対応できる企業は少ないため、成長が見込める。				

商品・サービスのラインナップと、売上シェアの見込みを記入。セールスポイントなどは、売れる、成長する期待感を抱かせることが大事。

4　従業員

常勤役員の人数（法人の方のみ）	1　人	従業員数（3ヵ月以上継続雇用者※）	0　人	（うち家族従業員） （うちパート従業員）	0　人 人

※ 創業に際して、3ヵ月以上継続雇用を予定している従業員数を記入してください。

5　取引先・取引関係等

	フリガナ 取引先名	所在地等（市区町村）	取引先のシェア	掛取引の割合	うち手形割合 手形のサイト	回収・支払の条件
販売先	（カ）アソビカンパニーズ （株）アソビカンパニーズ（新宿）	渋谷区	70　%	100　%	0　% 日	末　日〆　翌月末　日回収
販売先	ワンダーシステム（カ） ワンダーシステム（株）	港区	10　%	100　%	0　% 日	20　日〆　翌月末　日回収
販売先		ほか　3　社	20　%	100　%	% 日	日〆　日回収
仕入先			%	%	% 日	
仕入先			%	%	% 日	
仕入先		ほか　社	%	%	% 日	
外注先	ワイズグラフィックス（カ） ワイズグラフィックス（株）	新宿区	50　%	100　%	0　% 日	末　日〆　翌月末　日支払
外注先		ほか　2　社	50　%	100　%	% 日	末　日〆　翌月末　日支払
人件費の支払	末　日〆　翌月25　日支払（ボーナスの支給月　月、　月）					

販売先・仕入先と何らかの結びつきがあれば記入。また契約書、注文書などもあれば添付する。

☆　この書類は、ご面談にかかる時間を短縮するために利用させていただきます。
　　なお、本書類はお返しできませんので、あらかじめご了承ください。
☆　お手数ですが、可能な範囲でご記入いただき、借入申込書に添えてご提出ください。
☆　この書類に代えて、お客さまご自身が作成された計画書をご提出いただいても結構です。

6　関連企業（お申込人もしくは法人代表者または配偶者の方がご経営されている企業がある場合にご記入ください。）

関連企業①	企業名		関連企業②	企業名	
	代表者名			代表者名	
	所在地			所在地	
	業種			業種	

7　お借入の状況（法人の場合、代表者の方のお借入）

お借入先名	お使いみち	お借入残高	年間返済額
	□教育　□カード　□その他	万円	万円
	□教育　□カード　□その他	万円	万円
	□事業　□住宅　□車　□教育　□カード　□その他	万円	万円

見積書を取って具体的な金額まで記入し、見積書なども添付。

8　必要な資金と調達方法

必要な資金		見積先	金額
設備資金	店舗、工場、機械、車両など（内訳）		万円
	・パソコン・サーバー等一式（A社見積りのとおり）	A社	100
	・事務機器（B社見積りのとおり）	B社	30
	・備品類（C社見積りのとおり）	C社	20
	・保証金	南北不動産	100
運転資金	商品仕入、経費支払資金など（内訳）		万円
	・外注費支払い		200
	・諸経費支払い（最初の受注から納品まで、最短でも3ヵ月かかるため、つなぎ資金が必要）		200
合計			650万円

調達の方法	金額
自己資金	400万円
親、兄弟、知人、友人等からの借入（内訳・返済方法）	0万円
日本政策金融公庫　国民生活事業からの借入　元金4万円×50回（年X.X%）	200万円
他の金融機関等からの借入（内訳・返済方法）D銀行　元金1万円×50回（年X.X%）	50万円
合計	650万円

左表の数値の根拠を具体的に説明。

金額が同じになるよう注意。

9　事業の見通し（月平均）

		創業当初	1年後又は軌道に乗った後（　年　月頃）
売上高①		200万円	300万円
売上原価②（仕入高）		60万円	90万円
経費	人件費（注）	50万円	70万円
	家賃	15万円	15万円
	支払利息	2万円	2万円
	その他	30万円	50万円
	合計③	97万円	137万円
利益①－②－③		43万円	73万円

売上高、売上原価（仕入高）、経費を計算された根拠をご記入ください。

＜創業当初＞
①売上高　200万円／件×1件／月=200万円（受注契約書あり）
②原価率（外注費）30%（勤務時の経験から）
③人件費　代表者1人　50万円
　家賃　15万円
　支払利息　（内訳）200万円×年○%÷12ヵ月=○万円
　　　　　　　　　　50万円×年○%÷12ヵ月=○万円
　その他光熱費、消耗品費等　30万円
＜軌道に乗った後＞
①創業当初の1.5倍（勤務時の経験から）
②当初の原価率を採用
③人件費 従業員1人増 役員報酬・従業員給与増額　計20万円増
　その他諸経費　20万円増

（注）個人営業の場合、事業主分は含めません。

借入金の返済元金はここから支払われる。

10　自由記述欄（アピールポイント、事業を行ううえでの悩み、希望するアドバイス等）

支払利息（月間）は「借入金×年利率÷12カ月」で求める。

人件費については従業員分も含める。

これまでのご経験や事業内容の詳細が分かる計画書など、参考となる資料がございましたら、併せてご提出ください。
（日本政策金融公庫　国民生活事業）

Make a business plan!

- □ 基本知識
- ☑ 実践
- □ 記入見本

資金はどうやって用意する?

自己資金? 出資を募る? 借入? 選択肢を洗い出そう

資金調達の選択肢は大きく分けて4つある

資金計画や利益計画で会社経営に必要なお金の全体像が見えたら、次に**開業に必要な資金を洗い出し、その調達方法を考えます。**

開業資金はあらかじめ準備した**自己資金**ですべてまかなえるのが理想です。しかし現実には、自己資金では足りない分を何らかの方法で調達することになるでしょう。

自己資金以外で資金を調達する方法には、**出資を募る**、**融資を受ける**、**親兄弟や知人から借金する**という3つがあります。

おもな資金調達の方法

自己資金を確保する

自己資金の割合が多いほうが融資審査のときに有利になる。必要な資金のうち**3〜5割は自己資金**でまかないたい。

出資を募る

株式会社であれば株式を発行し、事業資金を確保する。経営権などの理由から、できれば身内からの出資がベター。

金融機関から融資を受ける

①地方自治体の制度融資（➡P66）

地元企業振興を目的に、各自治体が設けている。

②政府系金融機関の融資（➡P68）

日本政策金融公庫などのこと。無担保・無保証人で融資を受けられるものもある。

③民間金融機関の融資（➡P70）

都市銀行、地方銀行、信用金庫、信用組合による融資のこと。

親兄弟や知人から借金する

身内や知り合いからお金を借りるときほど、けじめが大事。借用書をつくり、きちんと返済していくことが大事になる。

マメ知識 人件費や家賃などの運転資金は、売上に関係なく毎月支払いが必要となる。支払いを待ってもらうわけにいかないものなので、開業時は低く抑えるようにしたい。

必要な資金の金額に応じて資金調達の方法を決める

出資によって集まったお金は借入金のように返済する必要はありません。ただし、利益が出たあとは持ち株数（出資金額）に応じた配当（➡P36）を行う場合があります。また、出資者は持ち株に応じて、株主総会での議決権を持ちます。のちに経営上の意見が分かれて、トラブルになることもあるので、注意が必要です。

開業時の融資は、日本政策金融公庫（➡P68）や各自治体からの公的融資（➡P66）が一般的です。銀行などの民間金融機関は、実績のない事業者に対して融資を行うケースがあまりないからです。

また、身内や友人からお金を借りることもよくあります。このような場合もきちんと借用書をつくり、約束どおり返済していくことが大事です。

開業資金整理表をつくってみよう

下記の表を参考に必要な開業資金に対し、具体的にどのような方法でいくらずつ資金を確保するか算出してみよう。

		金額	備考（返済方法など）
自己資金	現金・預貯金	200万円	
	定期・外貨預金	0万円	
	退職金	100万円	
	積立型保険（生命保険など）	0万円	
	有価証券（株式・国債・社債など）	30万円	これらは必要に応じて、解約・売却して現金化する。
	宝石・貴金属類	20万円	
	その他	0万円	
融資を受ける	A銀行	100万円	利子率X.X%、〇回払い
親兄弟、知人等からの借入	父	100万円	利子率X.X%、〇回払い
	兄	40万円	利子率X.X%、〇回払い
	友人Aさん	10万円	利子率X.X%、〇回払い
合計		**600万円**	

マメ知識　助成金や補助金は、原則として返済の義務がないため、会社の資金としてぜひ確保したい。申請には綿密な準備が必要で、開業時の資金調達にはあまり向かない。

Make a business plan!

- ☑ 基本知識
- ☐ 実践
- ☐ 記入見本

地元企業の資金づくりをサポートしてくれる!

地方自治体の制度融資とは?

最初の融資は自治体の制度融資を!

これから設立しようという会社には、まだなんの実績もありません。そのため、民間金融機関から借入をしようとしても、なかなか審査に通りません。

そこで、最初の融資としておすすめなのは、**地方自治体が地元企業の振興目的に設けている制度融資**です。

民間金融機関に比べて手続きが簡単で、固定金利で**利率が有利**などといったメリットもあります。そのため、開業したばかりでも、比較的安心して利用することができます。

地方自治体の制度融資の特徴は、**地方自治体、指定金融機関、信用保証協会の3機関が連携している点**です。

まず、地方自治体が民間の指定金融機関に対して融資の資金を提供したり、保証金や金利の一部を負担したりします。そして、信用保証協会が中小企業の保証人となることで、金融機関から中小企業への融資を促します。

このように地方自治体が融資に必要な資金を一部負担し、信用保証協会が保証を与えることで、金融機関の貸し倒れリスクを減らし、企業の資金調達を助けるしくみとなっています。

地方自治体の制度融資は、自治体ごとに独自に運営しています。そこで、自分の会社がある地方自治体のウェブサイトなどで、どのような制度融資を行っているか調べてみましょう。

経営アドバイス　創業者向け自治体制度融資と利子補給

地方自治体によっては、地元で開業する企業を増やすために、創業者向けの融資制度を用意している場合があります。その特徴は、借入者の利子負担を軽くするために、利子補給制度を設けている場合が多いこと。地方自治体が利息の一部、または全額を肩代わりしてくれるので、借入の負担をかなり軽くできます。

用語解説　**固定金利**:貸出時に決められた金利で最終的な返済まで変わらないもの。反対に、景気動向などに合わせて、金利が変わるものを変動金利という。

地方自治体の制度融資のしくみ

地方自治体が融資の資金を提供し、信用保証協会が保証人となり、指定金融機関が融資の実務を行うしくみとなる。

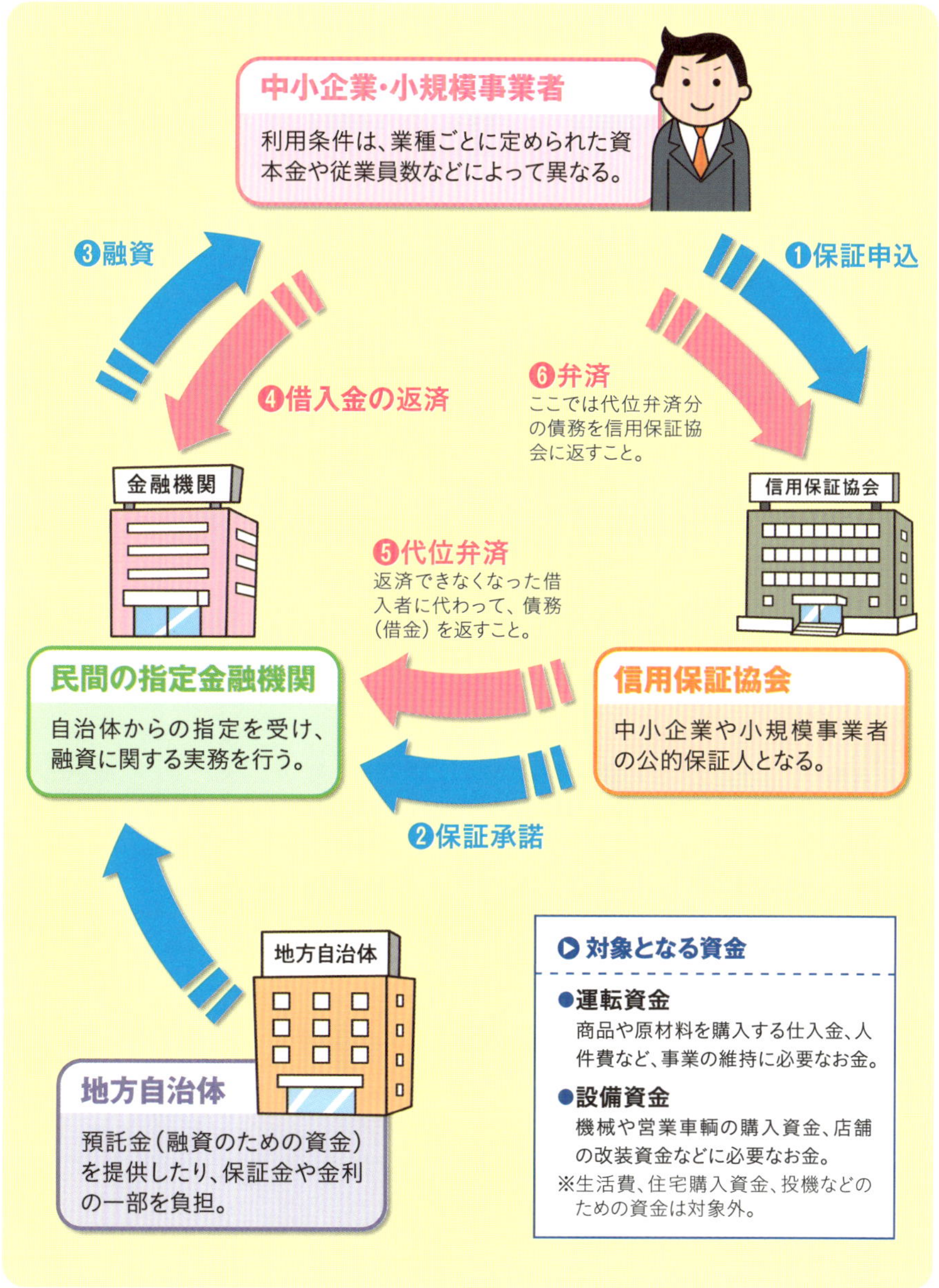

用語解説 **貸し倒れ**：債務者（お金を借りた人）の返済能力が下がり、債権（貸したお金）を回収できなくなること。貸し倒れリスクは信用リスクとも呼ばれる。

Make a business plan!

- [x] 基本知識
- [ ] 実　践
- [ ] 記入見本

政府系金融機関の融資とは？

小さな事業者の大きな味方！

新たに事業を始める人に向けたプランが充実

自治体の制度融資の次におすすめなのが、政府系金融機関の利用です。政府系金融機関の代表的な存在として、**日本政策金融公庫**（以下、公庫）があります。

政府の出資でつくられた金融機関で、国の政策に従って、民間金融機関では手が届かない部分で、数々の事業者支援を行っています。

中でも知っておきたいのが**新規開業資金**です。新たに事業を始める人、または事業開始後おおむね7年以内の人が利用できる制度です。

融資限度額は7200万円。**元金返済の据置《すえおき》期間（5年以内）も設定でき**、また女性や35歳未満または55歳以上など一定の要件に当てはまる場合（女性、若者／シニア起業家支援関連）は、**特別利率が適用される**などのメリットがあります。

ほかにも高い成長性が見込まれる新たな事業を行う人向けの「新事業育成資金」、介護・福祉や子育て支援、地域活性化等に取り組む人向けの「ソーシャルビジネス支援資金」、新たに農業を始める人向けの「青年等就農資金」など、さまざまな融資プランが用意されています。

対象となる各種融資プランは、公庫のホームページなどでチェックしてください。

経営アドバイス　商工組合中央金庫の事業・経営サポート

政府系金融機関の１つである商工組合中央金庫は、新事業・成長分野進出に関する事業・経営サポートを行っています。これは、地域経済への影響力をもつ地域中核企業等がリスクの高い事業に乗り出そうとする取り組みなどに対し、全国ネットワークを活用し、融資だけでなく、事業計画策定のサポートやビジネスマッチングも含めたソリューション提供を行うものです。10億円の融資が行われた事例があるなど、将来、株式上場を目指すようなスタートアップを支援するものとなっています。

用語解説　**据置期間**：返済初月から一定の間、金利の支払いのみでよい期間。起業後すぐはまだ利益が安定しないため、一定期間の猶予が大きな助けになる。

日本政策金融公庫の融資プラン（例）

新規開業・スタートアップ支援資金

利用要件

新たに事業を始める人、または**事業開始後おおむね7年以内の人**（新たに営もうとする事業について、適正な事業計画を策定しており、当該計画を遂行する能力が十分あると認められる人に限られる）。

融資限度額

7,200万円（うち運転資金4,800万円）

返済期間

設備資金：20年以内（うち据置期間5年以内）　運転資金：10年以内（うち据置期間5年以内）

担保・保証人

利用者の希望をもとに相談のうえ、決定する。

新事業育成資金

利用要件

高い成長性が見込まれる新たな事業を行う人であって、**新たな事業を事業化させて7年以内の人**など、3つの要件にすべて当てはまる人。

融資限度額

直接貸付7億2,000万円

返済期間

設備資金：20年以内（うち据置期間5年以内）
運転資金：7年以内（うち据置期間2年以内）

担保・保証人

利用者との相談のうえ、決定する。ソフトウェアや特許権なども担保として活用できる場合がある。一定の要件に該当する場合は、経営責任者の個人保証が必要となる。

※くわしい申し込み方法、必要書類、応募要件などは日本政策金融公庫ホームページ（https://www.jfc.go.jp/）を参照してください。
また、制度の内容は変更になる可能性があります。

マメ知識　日本政策金融公庫の事業は、個人事業者や小規模企業を対象とした「国民生活事業」、中小企業を対象とした「中小企業事業」、農林漁業者などを対象とした「農林水産事業」の3つに分けられる。

Make a business plan!

☑ 基本知識
☐ 実践
☐ 記入見本

民間金融機関の融資とは?

まずは口座を開設して関係づくりをしよう!

資本金を払込むときから メインバンクを決めておく

民間金融機関は自治体の制度融資や政府系金融機関の融資に比べて、審査がきびしく、小規模で会社を設立するときの借入先には向きません。

ただし、将来的には資金面でサポートしてもらえるように、**口座を開設し、資本金**（→P126）**をその口座に入金する**など、関係づくりをしておくことが大切です。

いずれ事業が軌道に乗れば、融資を受ける可能性もありますから、焦らず地道に関係をつくっていくようにしましょう。

民間金融機関の種類と特徴

一般に民間金融機関と呼ばれるのは都市銀行、地方銀行、信用金庫、信用組合の4つ。

都市銀行

大都市に本店を置き、全国規模でサービスを行う銀行。大企業から個人、さらに国際業務まで取扱いは幅広い。

地方銀行

各都道府県に本店を置き、地元地域を基盤にサービスを行う銀行。中堅企業、個人が主な取引対象。

銀行は利益第一主義、つまり株主利益を追求する株式会社なので、事業規模の小さい中小企業との取引には消極的。

信用金庫

その地域に事業所を持つ事業者や労働者が会員となって出資する共同組織。営業エリアはその地域に限定される。

信用組合

中小企業などが組合員となる、相互扶助を目的とした非営利の組合。預金の受入れや貸し付けは組合員に限定。

地元企業の振興を目的の1つとしているので、銀行に比べれば融資を受けやすい。担当者がこまめに会社まで足を運んでくれる、財務状況だけでなく経営者の人柄なども考慮してくるなどの特徴もある。

マメ知識
ネットバンキングは、各金融機関が手数料の安さなどでサービス向上をはかっている。事業規模が小さく、振り込み回数が多い会社の場合、メリットは大きい。

安定した信頼関係が何より大切

金融機関との付き合いでもっとも大切なのは信用です。そのために、絶対に返済を遅らせてはいけません。また、返済後も口座には常に一定以上の残高があるようにしておくと、先方の信用評価が保たれます。

また、融資の方針や条件などをめぐって納得しがたい場合もありますが、短気は禁物。金融機関の担当者と末長く良好な関係を保っておくことが、経営者としての好評価につながります。

メインバンクを気軽に乗り換えるのも得策ではありません。銀行は他行の顧客を奪おうと盛んにセールスしていますが、**気まぐれに乗り換えるようでは「あまり信用できない会社」とみなされる**でしょう。やはり安定した付き合いがモノをいうわけです。

金融機関との賢い付き合い方

金融機関と付き合う中でもっとも大切になるのが「信用」。信用は地道な付き合いの中で積み上げていくしかないので、次の5つのポイントを参考に、末永く友好関係を築くようにしよう。

1 メインバンクをころころ変えない

担当者との人間関係が基本。合理的な理由もなく、金融機関の乗り換えをすると、他行にとっても「信用のおけない経営者」との評価につながる。

2 情報は積極的に開示する

経営状況に関する資料の提出を求められたら、積極的に応じる。金融機関はウソや隠しごとを何より嫌う。悪い情報も解決策とセットで開示すれば、新たな評価につながることも。

3 返済日を厳守する

返済日を厳守することは信用につながる最たる部分であり、おろそかにしたら決して金融機関からの信用は得られない。

4 残高を置いておく

たとえ返済日を厳守していても、返済後の口座残高がゼロになっているようでは経営状況を不安視される。常に一定以上の額が口座に残るよう心がけよう。

5 協力要請にはドライに対応

担当者が投資商品の契約などを求めてくることも多いが、ドライに対応したい。担当者個人が恩義に感じてくれることはあっても、こうした協力が融資審査で評価されることは期待できない。

マメ知識　最初から大口の仕入先が決まっている場合、仕入先と同じ金融機関を選ぶことで手数料を減らすことができる。口座開設時の選択肢の1つと考えよう。

ケーススタディ②

融資時に担保を求められた…

[保証人や抵当権、質権の意味を知る]

原因

自分も妻も、そして家も…次々と担保を求められた!

最初は自分と妻が連帯保証人になること、次は自宅も担保《たんぽ》に入れることを銀行から求められたBさん。次々と融資の担保を差し出すことになり、不安はふくらむ一方……。

しかし、金融機関も商売ですから、貸したお金が返ってこないと損害が出ます。そのため、融資に際しては相手の経歴や経営状況を厳しくチェックし、どんな条件なら融資できるかを判断します。

お店を開いたばかりのBさんは、**経営実績がほとんどない状態です。これでは金融機関も判断のしようがありません。**

そこで、何があっても確実に回収できるように、担保や連帯保証人を求めてきたわけです。

人的担保と物的担保

担保とは？

借り手（債務者《さいむしゃ》）が借金を返済できなくなったときに備えて、あらかじめ貸し手（債権者《さいけんしゃ》）に提供され、返済を補う保証とするもの。

人的担保

保証人のこと。借り手が借金を返せなくなったとき、代わりに返済する義務を負う。

連帯保証人

債権者（お金を貸した人）は連帯保証人に対し、借り手と同じように借金の返済を求める権利がある。

単純保証人

単純保証人は債権者から返済を要求されても、直接借りた本人（債務者）から取り立てるように求める権利がある。

金融機関は、単純保証人に比べてより責任の重い連帯保証人を求めるのが一般的。

物的担保

不動産などのモノに加え、株式などの有価証券や保険などがある。

抵当権《ていとうけん》

抵当権を持つ債権者が不動産などを、優先的に競売をかけられる。その売却したお金で返済を受けることができる。

質権《しちけん》

債権者が担保として受け取った財産を直接支配できる権利。借金が完済されるまで占有でき、返済されない場合はそこから優先的に返済を受けられる。

土地、建物、株式などの有価証券、保険、金、絵画など、換金性のある財産が担保となりうる。

対策 人的担保や物的担保の意味を理解しておく

銀行が何の実績も担保もない相手にお金を貸すことはありません。どうしても融資が必要な人は、まず担保や保証人のしくみを理解することから始めましょう。

担保には**人的担保**と**物的担保**の2通りがあります。金融機関の融資で通常求められるのは人的担保、つまり**連帯保証人**です。借金をするのは会社ですが、その経営者自身が会社の連帯保証人となるのは一般的なことです。それでも担保が足りないと判断した場合は物的担保、つまり不動産や株式などを求められます。

なお、日本政策金融公庫（➡P68）では、無担保・無保証人でも受けられる融資プランを用意しています。借入先の最優先候補にするとよいでしょう。

COLUMN 2

「補助金や助成金を活用しよう」

補助金と助成金は、どちらも国や地方自治体から支給される資金のことです。地域経済の振興、雇用の安定といった政策上の目的を達成するために設けられています。企業にとって大きな魅力は、原則的に返済の義務がないことでしょう。ただし、申請や審査で、一定の要件を満たす必要があります。

補助金や助成金はそれぞれ対象時期が決まっており、その期限を過ぎれば申請できなくなります。

各省庁や地方自治体は新しい補助金・助成金に関する情報を随時告知しているので、そのときどきでどんな制度があるのかについてウェブサイトなどでチェックするようにしましょう。

とくに中小企業ビジネス支援サイトJ-Net21の「支援情報ヘッドライン」は中小企業向けの情報が集約されているので、定期的に確認することをオススメします。

補助金や助成金で注意すべきは、「後払い式」である点です。たとえば、雇用安定のための補助金であれば、採用や雇用にかかる経費を実際に支払ったあとで補助金が入金されることになります。そのため、開業前の資金としてあてにすることはできません。

また、申請の手続きや必要書類の作成には手間がかかるため、社会保険労務士などに代行を依頼することが一般的です。

第3章

会社の基本的な形を決める

会社を設立するためには、「定款」と呼ばれる会社のルールブックをつくる必要があります。まずは定款に定める会社の基本となる、会社名や事業目的、事業拠点などを決めていきましょう。

ええ!? まだ言って ないの?
はい なかなか言いだし にくくて…
どうせ 辞めるなら 早く言わないと 結局会社の 迷惑になるわよ
そ… そうですよね…
ビシッ
そうよ!! 早くしなさい!!
…さん

ポイント

会社に必要な7つのこと

1. 発起人(➡P84)
2. 会社名(➡P86)
3. 事業の目的(➡P88)
4. 事業拠点(➡P90)
5. 事業年度(➡P90)
6. 資本金(➡P92)
7. 会社の機関と役員(➡P96)

ウチの場合
②会社名とか
③事業拠点は
もう決まってる
ようなものよね
だから了方の会社のこと考えましょ
❶**発起人**って
なんだっけ?
発起人
会社設立にあたり、具体的な手続きを行う人。1人の場合もあれば、複数人の場合もある。
実際に会社設立の手続きを行う人のことですね
ウチの場合は家族全員かなー
あんたの場合はあんた1人ってわけね
ええ
❷**会社名**は…
悩みそうですね
善哉さんも…
意気込みやビジョンが
伝わるような名前がいいですね
バーーン
うっ
もわわ～～～ん
じゃあさ
「株式会社シンタクエスト」とかは!?
…先輩
真面目に考えてます?

ポイント
会社名を決める
ポイント1
同じ本店所在地で、同じ商号をつけることはできない。
ウチも西明堂
西明堂
ポイント2
有名な会社名やブランド名、商品名などを自社の商号にすることはできない。
ポイント3
競合他社の社名や既存商品の名前に似せるなど、消費者を混乱させるような名称を自社の商号にすることはできない。
文明堂
どんな名前でもつけられるわけじゃないんですよ
会社の個性や事業内容が伝わる名称がベターですね
ド～～ン
だからいい加減に決めちゃいけないんです
さっきのは冗談よっ!!
じゃあ 3 事業の目的は?
「ウチはこんな事業をやる会社」と具体的に示すものですね
たとえば僕の場合なら……
確実に行う事業
●インターネット等の通信ネットワークおよび電子技術を利用したゲームの企画、設計、開発、運用および提供
将来的に行う可能性がある事業
●各種イベント、講演、セミナーの企画、開催、運営管理
●旅行代理業および広告代理業

あんたイベント企画とか旅行代理業とかもするの!?

定款に記載した事業目的以外はやってはいけない決まりがあるから「いつかできたらいいな」という事業も加えておくと便利なんですって
知らなかった!!

へえー!

ポン
4 事業拠点は登記簿に記録される会社の住所ですね
定款
会社名や本店所在地など、会社の基本的な決まりごとをまとめたもの。(➡P116)
私はお店が事業拠点になるとして
あんたはどうするの?
小さい事務所を借りようと思っています
あらいいわね
5 事業年度は個人事業者の場合は
1月1日～12月31日よね
ええ 会社は自由に設定できて
4月1日～3月31日とする会社が多いらしいです
6 資本金は
会社設立時に会社に出すお金のことよね

当座の運転資金として開業時に会社の口座に払い込むもので
最低1円という決まりがある以外は自由です
売上が安定するまではこの資本金で会社を運営していくわけね
…
1

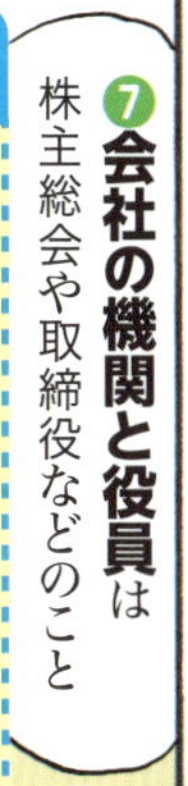

❼会社の機関と役員は株主総会や取締役などのこと

ポイント

会社の機関のおもなパターン

❶〔株主総会〕+〔取締役〕
➡1人社長の会社など、もっともシンプルな形。

❷〔株主総会〕+〔取締役〕+〔会計参与〕
➡外部から税理士などを迎えて会計を強化。金融機関対応型。

❸〔株主総会〕+〔取締役〕+〔監査役〕
➡経営の透明性を高める。株主対応型。

❹〔株主総会〕+〔取締役〕+〔監査役〕+〔会計参与〕
➡❷と❸を兼ねそなえた形

取締役を複数置いて〔取締役〕を〔取締役会〕に変えれば
〈取締役〉
〈取締役会〉
ある程度のことは〔株主総会〕を通す必要はなくなるのですばやい経営判断を下せる体制になるそうです
なるほどね〜 ウチは家族との相談が必要ね
僕はシンプルに❶にするか 税理士さんに会計参与になってもらって❷ですかね〜

……
で…新会社のことはいいとして 今の会社はいつ辞めるの?
ずいっ
うっ も…もうすぐ…辞めますよぉ

社長室
社長室
で
心太の会社の社長
ドキドキ
話って何かな？
今まで育てていただいてありがとうございました
バッ
退職して自分の力でチャレンジしたいと考えています!!
スッ
ビクッ

ぎゅっ
へっ!!
貴重な戦力を失うのは痛いが
それ以上に独り立ちしようとする社員が出てきたことが私はうれしいよ
社長…
私もかつては一念発起して独立したわけだからね
キミの気持ちはよくわかる
それにいつか自分の会社から独立する人間が出てきてほしいと願っていたんだ
あ…ありがとうございます…!
じ〜ん
これからは同じ経営者として
この業界のために切磋琢磨してがんばっていこうな!
がしっ
はいっ
その頃の女子社員
柏さんと社長って…
きゃーッ

Make the basics of the company

- ✓ 基本知識
- □ 実践
- ✓ 記入見本

設立手続きは誰がするの？

設立メンバー＝発起人を決める

設立手続きを進める発起人を決めよう

会社設立の第一歩となるのが、**発起《ほっき》人《にん》の決定**です。**発起人とは、新しい会社を企画して設立の手続きを進めていく人のこと。**取締役（↓P38）となる人が務めるのが一般的ですが、発起人が経営に関わらない場合もあります。

発起人は会社設立後、出資者として最低1株以上を引き受けなくてはいけません。**発起人は1人だけでなく、複数決めることもできます。**ただし、出資比率に応じて会社運営の決定権を持つことになるので、発起人の人数が多いほど意思決定に手間がかかるおそれもあります。

発起人設立事項決定書か発起人会議事録を作成

発起人が1人の場合は**発起人設立事項決定書**を作成し、設立する会社の基本事項を記します。

発起人が複数の場合、**発起人会**を開いて会社の概要を決めます。具体的には、社名（商号）や事業目的など、86～97ページで解説する内容について決めます。

そして、そこでの決定事項を**発起人会議事録**（↓左ページ）としてまとめます。

作成したあとは、どこかに提出する必要はありませんが、重要書類として保管しておきましょう。

思わぬ落とし穴

発起人会議事録がないとトラブルのもと

発起人会議事録は、会社の設立登記に必要な書類ではありません。ただし、複数の発起人がいる場合、発起人会議事録があることでトラブル防止になります。発起人会議事録には、最低でも商号、本店所在地、目的、資本金など、定款に記載が必要な項目を記入し、発起人が引き受ける設立時発行株式の数なども記録しておきましょう。

用語解説 **発起人設立事項決定書**：商号、事業目的、発行可能株式数などの決定事項を記し、発起人が記名押印する書面で、発起人会議事録とほぼ同じ内容になる。

書き方

「発起人会議事録」の作成例

印　印

不備に備えて、捨印を押印しておく。

発起人会議事録

○年○月○日、午前○時○分、東京都文京区本郷○丁目○番地○号において、発起人4名中全員が出席し、発起人会を開催した。
定刻、西園亮は選ばれて議長となり、開会を宣言し、ただちに議事に入った。

議案　発起人組合規約を定める件

議長は、株式会社を設立するにあたり、発起人組合規約を定めて、設立事務を円滑に進めることとしたい旨を述べ、その可否につきはかったところ、全員一致をもって、下記のとおり可決した。

記

商号は　株式会社西月堂とすること。
目的は、次のとおりとすること。
和菓子の製造販売
和菓子の売買
前各号に附帯関連する一切の事業

最後にこの記載があるとあとで事業を多角化しやすい。

発行する株式の総数は500株とし、発行する額面株式1株の金額は1万円とすること。
設立に際し普通株式500株を発行し、その発行価額は1株につき1万円とすること。

株式の金額については➔ P93。

設立に際して発行する株式は、発起人において全株を引き受けることとし、株式の募集はこれを行わないものとすること。
発起人の員数は4名とし、設立に際しては現物出資を行う。現物出資する者の氏名、出資の目的である財産、その価額ならびにこれに対し与える株式数は、次のとおりである。
(1)出資者
　発起人　西園紘一郎
(2)出資財産およびその価額
　東京都文京区本郷○丁目○番地○号の宅地　○○㎡　金70万円
　○○製造機　××××（A株式会社 20××年製）2台　金30万円
(3)与える株式数
　１００株
発起人は、会社設立に関して報酬および特別利益を受けないこととし、会社の設立費用は発起人が負担するものとする。
西園亮を発起人総代と定め、発起人総代は発起人会を代表し、かつ、発起人会の多数決による決議に基づいて、定款を作成し、株式の払込に関する手続、その他の会社設立に関する一切の事務を執行するものとすること。
払込を取り扱う金融機関および取扱い場所
　（取扱場所）　東京都文京区
　（名称）　株式会社○○銀行　○○支店

会社設立にあたっての決定事項を記入する。

議長は、以上をもって本日の議事を終了した旨を述べ、午前○時○分閉会した。
上記の決議を明確にするため、この議事録を作り、出席した発起人がこれに記名押印する。

○年○月○日

東京都文京区本郷○丁目○番地○号	発起人	西園亮	西園	引受株数100株
東京都文京区本郷○丁目○番地○号	発起人	西園紘一郎	西園	引受株数200株
東京都文京区本郷○丁目○番地○号	発起人	西園千代子	西園	引受株数100株
東京都文京区本郷○丁目○番地○号	発起人	西園ちとせ	西園	引受株数100株

発起人全員の氏名・住所を記入し、押印する。認め印でもOKだが、実印が望ましい。

会社名を決める

ルールを踏まえて、会社の魅力が伝わるように！

法律のルールを守って自社の特徴をアピール

会社名は、自社のビジョンや特徴が伝わるものにしたいところです。また、覚えやすい、呼びやすいなど、社内外の人たちにとってなじみやすい名前にすることも大切です。

会社の名前は、法律上で**商号**と呼ばれます。トラブル防止や公序良俗の観点から、**商号のつけ方にはいくつか法律上の決まりがあります。**

まぎらわしい名前はアウト！商号調査で入念に調べておく

1つめが、**同一商号・同一本店の禁止**。同じ本店所在地で、同じ商号を登記できないというものです。

2つめが、**著名表示冒用行為《ちょめいひょうじぼうよう》の禁止です**。たとえば、有名企業の商号、あるいはブランド名や商品名を自社の商号として登録することはできません。注意しましょう。

また、著名でなくても、ライバル会社の社名に似た商号にするなど、**他社の権利を侵害するまぎらわしい名前も避けるべき**でしょう。**混同惹起《こんどうじゃっき》行為**として、訴えられる可能性があります。これは商号だけでなく、他社の商標に似ている場合も同じです。

たまたま似てしまった場合でも責任は免《まぬが》れませんから、事前の調査が不可欠です。

得知識　事前に入念な商号の調査を！

商号の調査に便利なのは、一般財団法人民事法務協会が運営する登記情報提供サービス（有料のウェブサービス）。不動産や法人の登記情報をウェブ経由で閲覧できます。ほかには本店所在地を管轄する法務局に出向いて調べる方法も一般的です。

用語解説　**商標**：社名や商品・サービスを区別するための目印。商標を登録すれば、商標権という独占権が与えられ、他者が似た名称を使うことを禁止できる。

商号を決める際のおもなルール

商号は原則として、文字で表して、声に出して呼べるものに限られる。

ルール1 同じ本店所在地で、同じ商号を登記できない

✕ 同一本店と見なされる場合

例〈東京都○○区○○町1丁目2番地3号〉

↕

〈東京都○○区○○町1丁目2番地3号101号室〉

○ 同一本店と見なされない場合

例〈東京都○○区○○町1丁目2番地3号101号室〉

↕

〈東京都○○区○○町1丁目2番地3号102号室〉

ルール2 商号に使える文字のルールは次の4つ

❶漢字、ひらがな、カタカナ、ローマ字、アラビア数字。

❷アンパサンド(&)、アポストロフィ(')、コンマ(,)、ハイフン(–)、中点(・)などの記号。
ただし、商号の最初と最後につけることはできない。

❸ローマ字で複数の単語を表す場合に限り、単語間の区切りにスペースを使用できる。

❹「Co,.Ltd.」「K.K.」などの表記は使用OK。ただし、株式会社と併用になる。

ルール3 会社の種類を商号の前後どちらかにつける

例 株式会社○○○ ／ ○○○合同会社 など

ルール4 特定の業種以外使えない言葉がある

銀行や保険会社などは、「銀行」「保険」のように業種を表す用語を使わなくてはいけない。

反対に、これらの業種でない会社が「銀行」「保険」などを使うことはできない。

ルール5 公序良俗に反する言葉は使えない

例 ○○○賭博場株式会社 ／ 株式会社○○○盗品販売

ルール6 会社の1部門を表す用語は使えない

例 ○○○株式会社東京支店 ／ 株式会社○○○総務部

マメ知識 すでに登録済みの商標は、特許庁ウェブサイト内の特許情報プラットフォーム（J-PlatPat）で検索できる。まぎらわしいかどうか判別しづらい場合は、弁理士などの専門家に相談するとよい。

事業の目的を決める

「ウチはこれを行う会社です」と示す！

事業目的を明確にして何を行う会社かを示す

会社を設立する際は、定款（➡P116）という会社の基本ルールをまとめたものをつくらなくてはいけません。このとき、会社の**事業目的**も定款に記載する必要があります。**定款に記載された事業目的以外の事業をすることはできません。**

これに反しても罰則はありませんが、社会的信用や法的な正当性などが問われかねません。

また、許認可が必要な事業については、その申請にあたって該当する事業目的が定款に記載されている必要があります。

事業目的を決めるときのポイント

事業目的の例

- インターネット等の通信ネットワークおよび電子技術を利用したゲームの企画、設計、開発、運用および提供
- 各種イベント、講演、セミナーの企画、開催、運営管理
- その他前各号に附帯する一切の業務

❶ 本業を最初に記載する

メインの事業を最初に記載。ほかの事業も優先順位をつけて記載する。

❷ 将来必要そうなものを記載しておく

事業目的を変更・追加するには、そのつど登記が必要となる。そのため、将来的に行う可能性があるなら、あらかじめ加えておくとよい。

❸ 事業目的を増やしすぎない

事業目的が多すぎてもよくない。手あたり次第に並べてあると、不審な会社というイメージを与えてしまう。

❹ 許認可に注意する

許認可が必要な事業は、決まった事業名を書く必要がある。たとえば、人材派遣業なら「労働者派遣事業」などとしないと、許認可を得られない（➡P100）。

❺ 具体的な表現にする

一般的に知られていない専門用語や難解な表現で記載するのはNG。また、「世の中のためになること」のような具体性のない記載も認められない。

マメ知識 事業目的の文言で迷ったら、同業他社の例を参考にするのが効率的。ウェブで公開している企業も多く、法務局で登記事項証明書を自由に取得することもできる。

将来的な展望も踏まえて幅広く盛り込んでおく

「会社経営を続ける中でこんな事業も手がけたくなった」というケースも少なくありません。事業を増やすたびに、定款の事業目的を修正することもできますが、株主総会の議決や手数料が必要になります。そのため、**最初から「将来行う可能性のある事業」を幅広く盛り込んでおくのが一般的**です。

ただし、なんでも盛り込めばいいわけではありません。欲張ってたくさんの事業目的を記載すると、取引先や金融機関が登記情報を見たときに何の会社かわからず、信用を損ないます。

また、違法行為はもちろん、不明瞭な内容やビジネスに関係ないこと（ボランティア・慈善事業など）を事業目的に記載することはできません。事業目的の記載が不適切なせいで、登記申請が通らないケースもあります。

事業目的を変更する場合

定款に記載した事業目的は、経営者が勝手に変更することができない。株主総会の決議を得るなど、所定の手続きを行う必要がある。

Step1

株主総会で定款変更の決議を得る

株主総会

Step2

株式会社変更登記申請書を法務局に提出する

添付書類

- □ 定款変更の決議をした株主総会議事録
- □ 代理人が登記申請する場合は委任状
- □ 許認可が必要な事業が目的に含まれる場合はその許可書
- □ 株主リスト

※登録免許税3万円が必要。

経営アドバイス　記載のコツは「末尾の一言」！

事業目的は、少なすぎるとあとで変更する必要が出てくる可能性がある反面、多すぎても取引先や金融機関にマイナスの印象を与えます。そこで、中小規模の会社の場合、目安として3～10個ほどにしておきましょう。ポイントは、末尾に「その他前各号に附帯する一切の業務」という項目を加えること。もし新たな事業を手がけることになっても、多くの場合はこれで対処できるようになります。

マメ知識　法務局に登録される登記情報には、登記内容の訂正や抹消の履歴も残される。事業目的は修正を繰り返していると、経営が不安定という印象を与えかねない。

事業拠点と事業年度を決める

どこで事業を行うか？ 決算の期間をどうするか？

登記する本店所在地は実際の事業場所と同じに

会社の住所がある場所は、会社法で**本店**と呼ばれます。1つの会社には必ず1つの本店がなくてはならず、定款への記載や登記が必要になります。

本店の場所は日本国内であればどこでもよく、実際に事業を行っている場所とちがっていてもかまいません。

たとえば、まだ事務所が決まっていない段階で登記を行う場合、自宅を本店とすることがよくあります。

ただし、税務などの各種手続きを行う税務署や法務局は、本店所在地を基準に決まります。ですから、**特別な事情がない限り、実際の事業拠点を本店としたほうが何かと便利**です。

事業年度を決めるときは繁忙期と起業時期に注意

会社の事業年度も、あらかじめ決めておく必要があります。事業年度とは、**会社にどれくらいの利益や損失が出たのかという経営状態をまとめる期間**のこと。経営状態をまとめることを**決算**といい、通常1年間で区切ります。

個人事業者の場合は1月1日～12月31日と決められていますが、会社の場合は自由に設定できます。一般的には、国の会計に合わせて4月1日～3月31日とするケースが多いほか、業界に合わせる場合もあります。

経営 アドバイス 自宅をオフィスにする？ しない？

自宅を登記上の本店とするだけでなく、そのままオフィスとして使う場合もあります。初期費用や賃料を減らせるなどのメリットがあるほか、家賃の一部を経費とすることで節税もできます。ただし、宅地建物取引業など一部の業種は自宅での開業が認められない、謄本・名刺・ウェブサイトなどで自宅住所を公開する必要があるなどのデメリットもあるので慎重に考えましょう。

用語解説 **事業年度**：会計年度、営業年度ともいう。1年超とすることはできないが、1年以内なら、たとえば半年として年2回決算を行うことができる。

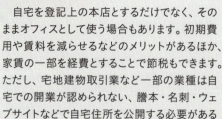

国の会計期間や業界の慣例に従うメリットがとくにない場合は、自社の繁《はん》忙《ぼう》期《き》を考えてみましょう。会社は、事業年度の最終日から2カ月以内に決算と税務申告をしなくてはいけません。決算時には煩雑な作業が発生するので、**繁忙期に重ならない時期を選ぶほうが得策**なのです。

設立後初の決算まで期間をとるのも大切

会社設立から最初の決算までの期間にも注意が必要です。たとえば、設立を1月、4月を事業年度の始まりとすると、開業直後3カ月で決算をすることになります。これでは落ち着く暇もなく決算に突入しますし、黒字を出すことも難しくなります。2月開業なら事業年度は翌年1月までとするように、**最初の決算までの期間をなるべく長く設けるとよい**でしょう。

本店所在地を記載するときのポイント

本店所在地は「定款」と「登記簿」に記載される。それぞれ記載のルールにちがいがあるので、ポイントを押さえておこう。

例 「東京都○○区◇◇1丁目2番3号□□ビル101号室」の場合

定款

最小行政区画（基本は市町村で、東京都は区）まで記載すればOK。定款作成時は本店を置く市区町村だけ決めておき、登記までの間に事務所を探すことができる。

記載例

当会社は、東京都○○区に本店を置く。

のちに同じ「○○区」内で移転を行うかぎり、定款を変更する必要はない。「○○区」以降の「◇◇1丁目2番3号□□ビル101号室」を記載してもOK。

登記

所番地まで記載し、登記しなくてはいけない。ただし、建物名や部屋番号は任意。

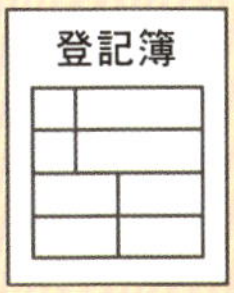

記載例

本店　東京都○○区◇◇1丁目2番3号

建物名と部屋番号は記載しなくてもOK。その場合、「□□ビル101号室」から同じ建物内の別室に移転した場合、新たな登記は必要ない。

マメ知識 決算の区切りとなる事業年度の最終月のことを決算月という。事業年度が4月1日〜3月31日であれば、3月が決算月となり、3月31日時点で会計を締めて決算を行うことになる。

Make the basics of the company

☑ 基本知識
☐ 実践
☑ 記入見本

資本金の額を決める

開業資金と当面の運転資金になり、信用度のバロメータにもなる！

会社をつくる元手となる資本金を用意する

資本金とは、会社をつくるときに元手となるお金のことで、**出資者から集めたお金の合計**となります。

新会社法の制定により、現在は資本金1円でも会社を起こせます。といっても、現実に1円では経営が成り立ちませんし、社会的信用も得られません。

開業直後の運転資金として必要な分を確保しておく

まず、**それなりの社会的信用を得たいなら、100～300万円程度は必要**です。ただし、業種によって適当な金額は変わるので、同業他社の資本金額を参考にするといいでしょう。

資本金は開業資金と当座の運転資金として自由に使うことができます。開業後、安定して売上が上がるようになるまでには、**業種にもよりますが、3～6カ月くらいは資本金に頼ることになる**でしょう。そう考えると、数百万円程度は確保しておきたいところです。

また、出資者から集めた金額のうち、2分の1以内を**資本準備金**として、資本金に加えずにしておくこともできます。資本準備金は、消費税（↓P218）や登録免許税（↓P134）の課税対象外となるので、資本金が多く集まった場合は、ぜひ設けておくとよいでしょう。

資本準備金を設ける場合は、その旨を定款に明記します。資本準備金は経営のために、会社の業績が悪化した場合などに使うことができます。ただし、会社のお金となるので、取り崩すためには株主総会での決議が必要です。

登記に関わる書面も作成しておく

資本金の額が決定したら、**「発起人決定書」**（作成例↓P95）と現物出資（↓P128）がある場合には**「資本金の額の計上に関する証明書」**（作成例↓P94）を作成しておきましょう。どちらも登記申請に必要になるもので、資本金の額を記載する必要があります。

マメ知識　資本金の額は登記事項証明書によって誰でも閲覧でき、その会社の規模や信用力を計る指標になる。取引先や金融機関は、このような情報も参考にしている。

資本金と資本準備金

出資金のうち1/2までは資本金とせず、資本準備金にしておくことができる。資本金1,000万円未満なら開業後２年間は消費税の免税業者となるので、出資金のうち、1,000万円以上の部分を資本準備金とするケースが多い。

	資本金	資本準備金
消費税（開業後2年間）	1,000万円以上で課税事業者となる	免税事業者
登録免許税	課税対象	課税対象外
地方税の均等割	資本金＋資本準備金の合計額で判断	資本金＋資本準備金の合計額で判断
登記の有無	登記簿に登記される	登記簿に登記されない
取り崩す際（減資）の要件	株主総会の決議が必要	株主総会の決議が必要

※「地方税」の均等割とは、資本金の額によって段階的に均等に課税されるもの。

経営アドバイス　発行株式数と１株の価額はキリのいい数字で

基本的に資本金は発起人が出資したお金があてられます。出資時に決めなくてはいけないのが、発行株式数と１株の価額。非公開会社（➡P36）なら、いずれも任意で決められます。１株の金額に決まりはありません。ただし、多くの会社が計算しやすいように１株１万円としています。この１株あたりの金額で、資本金の額を割った数が発行する株式数です。事業拡大に備え、発行可能株式数（➡P117）を多めに設定することもできます。議決の定足数は株式数の1/2、2/3などと決まっているため、発行株式数も端数の出ないキリのいい数字にすることが一般的です。

マメ知識　株主総会では、１株につき議決権１つが与えられる。必要な賛成数は、拒否権1/3、普通決議1/2、特別決議2/3なので、計算しやすくするために株式の数を6の倍数にするのも１つの手。

書き方

「資本金の額の計上に関する証明書」の作成例

資本金の額の計上に関する証明書

代表者印を押す。

① 払込を受けた金銭の額（会社計算規則第43条第1項第1号）

金銭による出資として株主となる人（出資者）から払い込まれた金額を記入する。

金400万円

② 給付を受けた金銭以外の財産の給付があった日における当該財産の価額
（会社計算規則第43条第1項第2号）

現物出資（➡P128）の価額を記入する。

金100万円

③ 資本金等増加限度額（①+②）

金銭による出資と現物出資の合計額を記入する。

金500万円

③の1/2を超えない額を資本準備金（➡P92）とした場合、その旨を以下のように記載。

④ ③のうち資本金として計上しない額

資本準備金の額を記入する。

金100万円

資本金の額400万円は、会社法第445条および会社計算規則第43条の規定に従って計上されたことに相違ないことを証明する。

○年○月○日

東京都文京区本郷○丁目○番○号

株式会社西月堂

代表取締役　西園 亮

代表者印を押す。

2021（令和3）年2月15日から、この書面のほか法律上押印義務が課されていない書類（P.132の⑩～⑬の書面が該当）については、押印義務が撤廃された。ただし、コンプライアンス上、押印がなされていることに越したことはない。なお、契印はこれまで通り必要。

書き方

「発起人決定書」の作成例

発起人決定書

○年○月○日○時○分より当会社設立事務所（東京都文京区本郷○丁目○番○号）において発起人全員が出席し、その全員一致の決議により下記の事項を決定した。

記

資本金の額を以下のように定める。

1　資本金の額　　　金400万円
1　資本準備金の額　金100万円

金額の合計が「払込があったことを証する書面（➡P127）」の金額と一致すること。

上記事項を証するため、発起人全員は、次に記名押印する。

○年○月○日
株式会社西月堂

発起人　西園 亮　（西園）
発起人　西園 紘一郎　（西園）
発起人　西園 千代子　（西園）
発起人　西園 ちとせ　（西園）

押印する。

「発起人」とし、発起人全員の氏名を記載する。

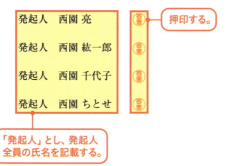

会社の機関と役員を決める

会社を強くするための機関設計を考えよう!

自分の会社に合わせた機関設計を行う

会社の意思決定を行う**機関は、株主総会**（↓P39）**や取締役会**（↓P39）、**また取締役や監査役、会計参与などによって構成**されます。

取締役・監査役・会計参与をまとめて、**役員**と呼びます。**とくに取締役の中の代表者のことを、代表取締役といいます。**また、顧問税理士が会計参与になるなど、社外の人間が役員になるケースもあります。

役員が決まったら、役員ごとに**就任承諾書**（↓下図）を作成します。これは登記申請の際に必要になります。

書き方

役員の「就任承諾書」の作成例

就任承諾書

（西園）

あとの訂正に備えて、実印を捨印として押しておく。

私は、○年○月○日取締役に選任されたので、その就任を承諾します。

「代表取締役」「取締役」「監査役」「会計参与」など就任する役職名を記載する。

定款作成日以降の日付とする。

○年○月○日

東京都文京区本郷○丁目○番○号

西園 ちとせ（西園）

就任者の氏名を記載し、押印する。

株式会社西月堂 御中

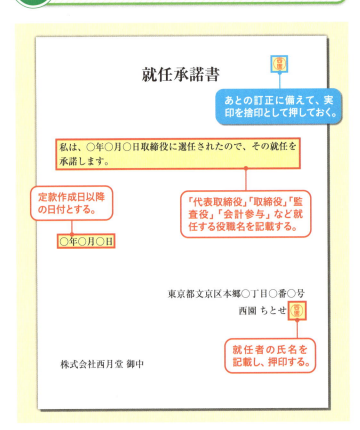

機関は会社の成長に応じて柔軟に変更できる

これらの機関と役員をどのような組み合わせるかによって、会社の特徴が変わります。現在は、自由度の高い機関設計ができるようになっており、さまざまな機関の組み合わせが選べます。

具体的には、まず1名以上の取締役と株主総会の設置は必須です。また、取締役会を設置し、会計参与を設置しない場合に限り、監査役も必須となります。それ以外は、監査役を設置するかどうか任意で選べます。

監査役は会社の会計や業務をチェックして株主に報告する、いわばお目付役。その会社や子会社の取締役、従業員などが兼任することはできません。

小さな規模で会社を始める場合、**監査役、会計参与といった役員は、必要になった時点で設置するのが現実的**です。

機関設計のおもなバリエーション

会社の機関設計は会社の実状に合わせて、自由度を高く決めることができる。自分の会社に合うものを考えよう。

	機関	説明	区分	
1	取締役 株主総会	社長1人だけの会社など、もっともシンプルな機関設計。	株式譲渡制限会社 ➡ P36	小規模な会社向け
2	取締役 株主総会 会計参与	外部から税理士などを迎えて会計を強化し、金融機関への対応力を高める。	株式譲渡制限会社 ➡ P36	小規模な会社向け
3	取締役 株主総会 監査役	監査役のチェックにより、経営の透明性を高めて、株主への対応力を高める。	株式譲渡制限会社 ➡ P36	小規模な会社向け
4	取締役 株主総会 監査役 会計参与	❷と❸の強みを兼ねそなえた機関設計。	株式譲渡制限会社 ➡ P36	小規模な会社向け
5	取締役 株主総会 取締役会 会計参与	❷に取締役会を加えることで、すばやい経営判断を下せる体制にする。	株式譲渡制限会社 ➡ P36	小規模な会社向け
6	取締役 株主総会 取締役会 監査役	スピーディーな意思決定と監査役による株主対策を兼ねそなえた体制。	株式譲渡制限会社 ➡ P36	小規模な会社向け
7	取締役 株主総会 取締役会 監査役 会計参与	すべての機関をそなえた機関設計。大企業向け。		大規模な会社向け

マメ知識 取締役と監査役は原則として、株主総会の決議（普通決議）によって選任する。任期満了、辞任、解任、死亡、新任などの際は、取締役・監査役の役員変更の登記が必要になる。

Make the basics of the company

- ☑ 基本知識
- ☐ 実践
- ☐ 記入見本

代表者印、銀行印、角印、ゴム印の4点セットを用意！

会社のハンコをつくる

登記申請までに代表者印、銀行印、角印をつくっておく

会社の設立にあたって、**ハンコの作成**も必要になります。役所や金融機関での手続きから日常の取引まで、ハンコを押す場面はたくさんあります。**会社設立の登記申請書にも、会社のハンコが必要になる**ので、遅くとも登記申請までにはハンコをつくっておかなくてはいけません。

会社として通常の取引を行うにあたり、少なくとも**代表者印（実印）、銀行印、角印**の3つは必要です。ついでにゴム印も用意しておくと便利です。印鑑業者側でも、たいていこの4つをセットで販売しています。

3つのハンコの用途を把握しておこう

代表者印は、法務局に登録する会社のハンコ。個人の実印に相当します。材質やサイズなど、法の定めに従ってつくらなくてはいけません（↓下図）。

銀行印は、銀行取引に用いるハンコです。重要な契約などで用いる代表者印と異なり、経理担当者などが日常的に使用します。銀行口座の開設時に必要となるので、代表者印とまとめて事前につくっておきましょう。

角印は請求書や見積書を発行するときなど、日常業務で用いるハンコになります。とくに届出の必要などはありません。

代表者印のサイズ・材質の規定

代表者印は下記のサイズ規定に加えて、ゴムのような変形しやすい材質は使えない、文字が判読できる書体でなくてはいけないという決まりがある。

〈最小サイズ〉

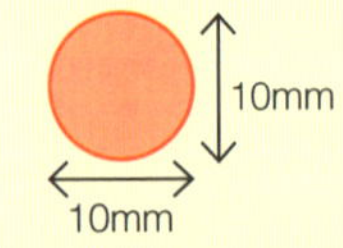

- 10mmの枠に収まってはいけない

〈最大サイズ〉

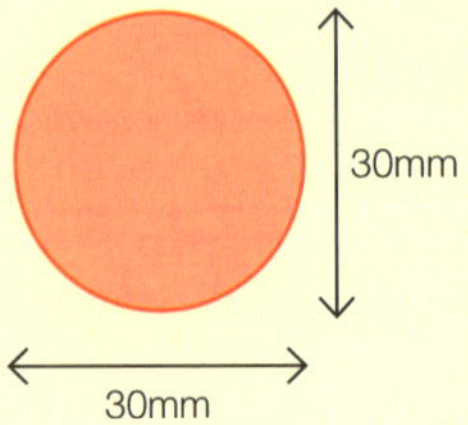

- 30mmの枠をはみ出してはいけない
- 丸型や四角型だけでなく、小判型にしてもOK

用語解説 **印鑑カード**：代表者印の印鑑証明書の交付を受ける際に必要なカード。「印鑑カード交付申請書」を法務局に提出することで、交付される。

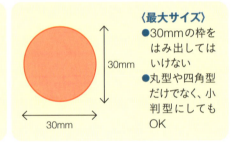

ハンコの種類とポイント

代表者印

代表取締役や代表社員が重要な書類に押印するために用いられる。代表者が交代しても同じ代表者印を引き継ぐことが通例なので、氏名は入れない。

〈届出先〉法務局
〈届出の手順〉代表者印の作成後、法務局に登録し、印鑑カードの交付を受ける
〈用途〉各種契約や手続きにあたり、会社のもっとも重要なハンコとして用いられる
例 登記申請書、不動産売買契約書、金銭消費貸借契約書 など

銀行印

銀行で口座を開くときに届け出るハンコ。日常的な業務では、経理担当者などが頻繁に使用する。とくにサイズの決まりはない。

〈届出先〉金融機関
〈用途〉銀行口座の管理に使用する
例 銀行での口座取引、口座引落用書類、手形や小切手の発行 など

角印

代表者印や銀行印の代わりに、日常業務で用いる書類に押すハンコ。届出や登録の必要はない。とくにサイズの決まりはない。

〈届出先〉なし(届出不要)
〈用途〉日常的な取引において、自社が発行する各種書類に押印する
例 見積書、請求書、領収書 など

思わぬ落とし穴

用途ごとにハンコを使い分けないと不正利用されることも!

実際には、代表者印1つで銀行印や角印を兼ねることもできます。それでも使い分けるのがよい理由は、不正利用を避けるためです。もし第三者が代表者印を使って契約書を偽造した場合、印鑑証明書が添付されていれば契約が成立したことになり得ます。口座の管理に必要な銀行印も悪用される可能性があるため、用途ごとにハンコを分けて、徹底管理することが大切なのです。

用語解説 **手形や小切手**:手形は、一定額の支払いを目的に発行されるもの。為替手形と約束手形の2通りがある。小切手は、振出人が所持人のために、銀行に一定額の支払いを委託するもの。

必要な許認可の種類を知ろう

許認可を取得する

「許認可業種」を始める際は必要な手続きを行う

なんでも自由に事業を始めていいわけではありません。業種によって、官庁の**許可**や**届出**などが必要な場合があります。たとえば、**喫茶店を開く場合、食品衛生法に基づく保健所の営業許可が必要**になります。また、**ペットホテルを開業するなら、動物取扱業の登録が必要**です。

このように法令や条例に基づく許認可が必要な業種を、一般に許認可業種と呼びます。必要な手続きをせず開業すると、営業停止や罰金などの罰則を科される可能性があります。これは手続きが必要なことを知らなかったとしても同じです。

自分が始めたい事業が許認可業種かどうかチェック

許認可ごとで、手続き方法や担当する官庁が異なります。そこで、まずは自分が始めようとしている事業が許認可業種に当てはまるかどうか、下調べを行いましょう。

申請書類などは基本的に各官庁のウェブサイトなどからダウンロードできます。ただし、**許認可の中には申請準備に時間がかかるものもあります。許認可の手続きは登記後でないと行えないので、開業までの所要日数に織り込んでおきましょう。**

経営アドバイス　許認可を得るための要件

許認可の取得には、それぞれ定められた要件を満たす必要があります。たとえば、飲食店の許可要件とされる食品衛生責任者の資格は講習を受けるだけで取得できますが、理美容業は国家資格が必要です。要件を満たしていなければ、許認可は得られません。手続きに手間取って、開業が遅れることのないように注意しましょう。

マメ知識 個人事業から会社化する場合、許認可は新たに手続きして取得し直す必要がある。個人で得た許認可では法人で営業できなくなるため。

許認可の手続きが必要になるおもな事業

下表に示したものは許認可が必要な業種の一部。自分の事業に許認可が必要かどうか、きちんと調べておこう。

業種	許認可	担当官庁
公衆浴場	許可	保健所、都道府県
旅館業		
食品製造業・販売業		
医薬品販売業（薬局以外）		
薬局		
動物用医薬品の販売		都道府県
廃棄物処理業		市町村、都道府県
建設業		都道府県または国土交通省
自動車運送業		運輸局
労働者派遣事業	許可／届出	労働局
火薬類、花火（煙火）などの販売・使用		都道府県
高圧ガスの販売	届出	都道府県
飼料の製造・販売		都道府県、農林水産省
理容・美容業		保健所、都道府県
クリーニング業		
電気工事業	登録	都道府県または経済産業省
旅行業		都道府県または観光庁
貸金業		都道府県
倉庫業		運輸局
毒物・劇物の販売業		都道府県、保健所
LP ガスの販売		都道府県 または経済産業省
LP ガスの保安業務	認定	都道府県または経済産業省
警備業		警察署
保育施設	認可	都道府県
語学学校		都道府県

マメ知識 喫茶店を開く場合、具体的には所轄保健所の食品衛生課に営業許可を申請し、1店舗に1人、食品衛生責任者を置くことなどが義務づけられる。

ケーススタディ3

法人口座の開設を断られた…

[口座開設時のポイントと注意点を知る]

原因

実は法人口座の開設はハードルが高くなっている

原則的には、会社だからといって法人口座をつくらなくてはいけない決まりはありません。社長の個人名義の口座でも取引に使えます。

しかし、**取引先や金融機関から見て、個人口座で取引する会社は信用度が劣ります。**また、税務署にも「不適切な経理をしているのでは?」と怪しまれる可能性もあります。

一方で法人口座の開設は、以前に比べてはるかに難しくなっています。**架空口座を使った犯罪が多発したため、銀行の審査が厳しくなっているから**です。Cさんも法人口座の重要性を知って、口座開設の申請に出向いたのですが、資本金が少ないことなどを理由に断られてしまったようです。では、Cさんはどのようにすれば、よかったのでしょうか?

法人口座開設の手続き方法

必要書類

- □ 履歴事項全部証明書
- □ 印鑑証明書
- □ 申請者の公的な本人確認資料
- □ 申請者と当該法人との関係が確認できる資料（社員証、在籍証明書など）

※三菱東京UFJ銀行の場合

面談内容

- おもな事業に関する説明
- おもな株主などに関する説明

面談次第で、事業に関する資料（会社案内、製品、パンフレット、顧客向け提案書、見積書、注文書、仕様書など）の提示を求められることがある。

法人開設を断る理由トップ3

1位 資本金が少ない

開業資金や当面の運転資金となる資本金が少なすぎると、事業に支障をきたす。銀行からすると「何か隠しごとがあるのでは？」と疑う材料になる。

2位 本店がバーチャルオフィス

犯罪に利用されるケースを疑われ、銀行だけでなく行政のチェックも強化されている。銀行にとってはハイリスクな顧客となる。

3位 事業目的が多すぎる

履歴事項全部証明書に記載されている事業目的の数が多すぎると、不審視される。面談時に説明を求められることもあるので、理にかなった回答を事前に準備しておきたい。

対策

大手銀行ほど入念に事前準備を行う！

法人口座の開設がとくに難しくなったのは大手都市銀行です。設立間もない小さな会社は、実際に開設を断られるケースが続出しています。代表的な理由の1つは、資本金の額（➡P92）。**事業に見合った開業資金が準備できていない会社は、残念ながら銀行に信用されません。**

Cさんも「資本金なんて1円以上あればいいんだから」と甘く見ず、会社運営に必要と思われる金額をしっかり確保しておくべきでした。

地方銀行は都市銀行ほど厳しくはありませんが、口座開設の申請→審査の流れは基本的に同じです。

最近では申し込みから面談まで、すべてネットで完結する銀行も増えています。各銀行の手続きをよく確認しましょう。

COLUMN 3

「合同会社で会社をつくる人も増えている」

２００６年に施行された新会社法により、合同会社の設立が新しく認められました。これはアメリカで普及しているＬＬＣ（Limited Liability Company）という会社形態をモデルとしていることから、日本版ＬＬＣとも呼ばれます。

施行以来、合同会社での会社設立は増えており、大手ではアップルジャパンなどがあります。

合同会社の特徴は、出資者の責任が有限（→P32）であること。さらに意思決定の権限や利益の配分を自由に決められる点も大きな特徴です。同じ有限責任でも、株式会社の場合は、出資比率に応じて議決権や利益配当が決められます。

たとえば、Aさんが１００万円、Bさんが９００万円出資した会社で比較してみます。まず利益を配分する場合、株式会社では出資額に応じてAさんが1割、Bさんが9割という比率になります。一方、合同会社の場合、たとえば事業への貢献度に応じてAさん8割、Bさん2割というように、自由に配当の割合を決めることができます。

ほかにも株主総会の設置が必要ないため、経営者はより自由で迅速な経営を行えます。設立の手続きも株式会社に比べて簡単です。こうしたことから合同会社は、専門的なスキルやノウハウなどを持った人材が集まって、小規模な事業を手がけるような会社に向いています。

第4章

会社設立の手続きを行う

会社を設立するためには、定款の作成・認証、資本金の払込、
登記申請といった手続きを行います。
第４章では、それらの手続きの基本から、
必要書類の作成方法、手続きの手順までを解説します。

西月堂
ペコッ
……
この前は勝手に先走ってしまってごめんなさい
あれからたくさん勉強して真剣に考えたけど やっぱり…私は会社化すべきだと思っています
お前っ…まだそんなこと…
ギロッ
お父さん とりあえず 話を聞こうよ
まあまあ
う…

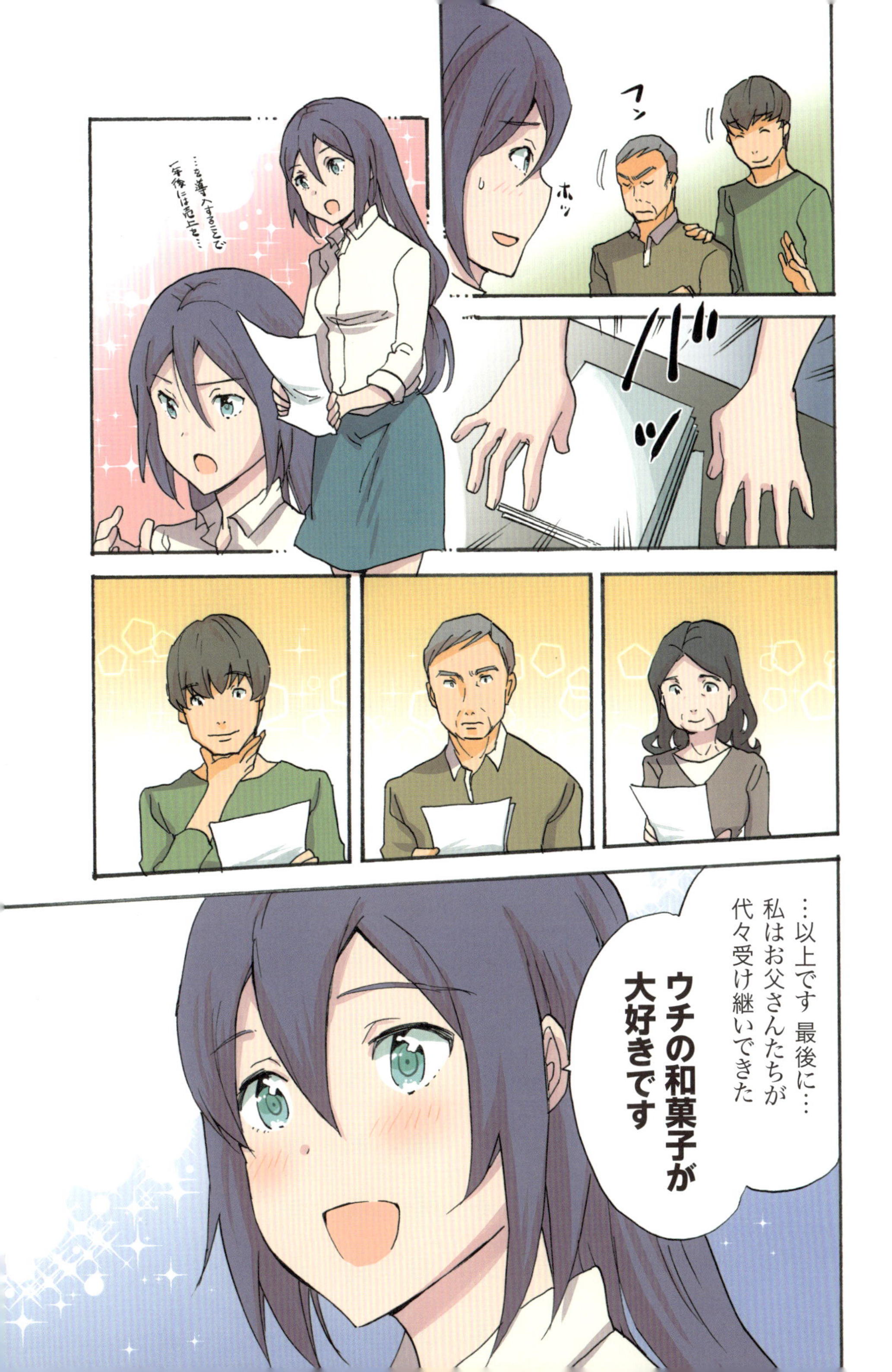

フン
ホッ
ガッ
…を導入することで
一年後には売上を…
…以上です 最後に…
私はお父さんたちが
代々受け継いできた
ウチの和菓子が
大好きです

その和菓子をもっと多くの人に食べてもらいたくて
ネット販売を始めたら想像以上の反響がありました
すごくうれしくて…もっともっとたくさんの人に
ぎゅ
食べてもらって…ウチの和菓子で笑顔になってほしくて…
私はお父さんやお兄ちゃんみたいに
和菓子をつくることはできないけど…
バッ
ウチの和菓子を広めるためなら
何でもできる！何でもしたいっ!!
ウチの伝統を壊すようなことはしません
ズッ
だから会社化を認めてください…

俺はまだお前が
口先だけに
見えてならねぇ…
ぎゅっ
だからこれからの
行動でお前の思いを
証明してみやがれっ
ハッ
…それって…!?
やれやれ…
ありがと…お父さん
みんな…
で…
ここから先
ウチの店を会社にするには
どうしたらいいんだ?

えっと会社の基本事項は決めたから あとは…
ポイント
設立登記の流れ
1 定款をつくって公証役場で認証を受ける
2 資本金の払込を行い、証明書を発行する
3 登記所で登記を行う
4 税金関係の届出を行う
といった流れね
ていかん？
簡単に言うと会社の決まりごとをまとめたルールブックのことね
さっき決めた会社の基本情報を定款にまとめて公証役場で認証してもらう必要があるの
公証役場
定款
そうすることで何かトラブルが起きたときに
定款に基づいて法的に解決できるようになるってわけか
そう!!
定款に記載すべき内容も法律で定められていて
大きく分けると次の3つ！
ポイント
定款の記載事項の種類
必ず載せる！
絶対的記載事項
補足として載せる！
相対的記載事項
必要に応じて載せる！
任意的記載事項
➡P116
この3つね！

一週間後
できた
定款と登記書類！
あとはこれを提出するだけね！
法務局
あれ？お兄さん
そっかぁ！ご家族も認めてくれてたんですね!!
うん 心太も円満退社できてよかったね!!
ええ 社長も後押ししてくれてますから がんばらないとっ
将来を見据えて俺が**代表取締役**になることになってね
設立登記の手続きは原則的に代表取締役が行うことになってるんでしょ

って…なんでアイツがいるの!?

僕らだけじゃ心配だから…

ようやく登記までこぎつけたようですね
がるる…

資本金の払込はすんだんですか?

〈現金出資〉

〈現物出資〉

ばっちりよ!

ここまできたら私たちだけでもできるわよっ!!

ビシィ
そもそも登記というのはですね……

聞いてね〜!

会社の基本事項を公的に登録することですよね?

むっ……そうです 登記後は誰でもキミたちの会社の事業目的や資本の金額などを閲覧できるようになります

この会社がたしかに存在するという証明になるわけね
不安になってきた…必要書類がちゃんとあるか確認しよう…
ゴソ
ゴソ
登録免許税も収入印紙で納めるのよね
登録免許税
登記や登録、特許、免許、許可、認可などを受ける場合に課せられる税。会社の登記以外に、不動産の登記や資格の登録などの場面で課せられる。
申請書に不備があったら審査に通りませんよ
ポイント
登記の流れ
❶申請 法務局で登記申請を行う
❷補正 不備があった場合は補正(訂正)を行う
❸受理 受理されたら、登記の完了
お願いします!
補正が必要になったら声をかけてください
特別に和菓子20個で補正のレクチャーしますから
はっはっ
なっ なんで私だけに言うのよ!

数日後——西月堂
ほらここも印鑑を押し忘れています こっちは取締役の住所がちがう あとこっちも……
くっ…くぅ…
予想はしていましたが それ以上のそそっかしさに 驚きを隠せませんね
ふぅ…
う…うるさいっ
これでよしっと!!
ふむ これで大丈夫でしょう
先輩よかったですね!
これで登記が完了すれば ついに私たちの会社ができるわけね!!
そうですね あとは税金関係の届出も忘れずに
法人税や法人住民税 消費税などに関係する書類ですね!!

では約束通り
これは頂いていきますから
ていうかあの人…
いつもたくさん和菓子を
持って帰るけど
超甘党よねぇ…
キャラに似あわず…
そうですね…
…………
あんなに食べても太らないなんてズルイ!
太れ〜 太れ〜
何の呪いですか…

法的な力を持つ会社のルールブック！

定《てい》款《かん》の基本を理解しよう

会社の基本ルールとなる定款をつくる

会社の基本事項として決めてきた社名や本店所在地、役員、資本金などを**定款**《ていかん》と呼ばれる文書にまとめます。

定款は、**その会社の決まりごとをまとめた規則集のようなもの**。会社の憲法ともいわれます。株式会社の定款は、公証役場で認証を受けること（↓P124）で法的な効力も持ちます。

会社の設立登記（↓P132）を行うときには、定款を添付する必要があります。ただし、認証を受けた定款でなければ、設立登記の審査をクリアすることはできませんので、くれぐれも注意してください。定款には大きく分けて、**3つの記載事項**（↓左図参照）があり、**発起人全員で作成し、署名・押印する**必要があります。

あとで修正もできるが最初にしっかりつくっておく

会社設立時につくった定款を、**原始定款**と呼びます。定款は登記後も必要に応じて修正手続きを行うことができ、最新の定款を**現行定款**と呼びます。

定款の変更にあたっては、株主総会の議決や、登記手続きが発生する場合は手数料が必要です。また、あとで変更できない項目（設立時の役員など）もあるので、最初から慎重に考えて作成しましょう。

経営 アドバイス　定款の記載内容は3つに分かれる

定款に記載する内容は、商号や本店所在地などの基本的なことから、決算期や株主総会の開催時期、役員の人数や報酬まで幅広くあります。これを法律上の区分けで見ると、「絶対的記載事項」「相対的記載事項」「任意的記載事項」の3つになります。

このうち「絶対的記載事項」の5項目が記載されていないと、公証役場での認証を得られないので注意しましょう。

マメ知識　発起人会での決議事項（➡84ページ）の多くは、そのまま定款の記載事項となる。そのため、決議と定款づくりを並行して行うと効率的に進められる。

定款のおもな記載事項

▶ 絶対的記載事項

定款に必ず記載されていなくてはいけない。これが欠けていると、公証役場での認証が得られず、定款が無効になる。

❶ 目的	会社が行う事業の目的。
❷ 商号	登記する会社の正式な名称。
❸ 本店所在地	定款では、最小行政単位（〇〇市、××区など）まででOK。
❹ 設立に際して出資される財産の価額またはその最低額	原則として資本金にあてる額。定款では、「〇〇万円以上」と最低額の記載でもOK。
❺ 発起人の氏名または名称・住所	住所は印鑑証明書の記載に合わせて、正確に記載する。
※発行可能株式数	当面どれだけの株式を発行できるかを記載。増資する場合、ここの記載の範囲内で行う。

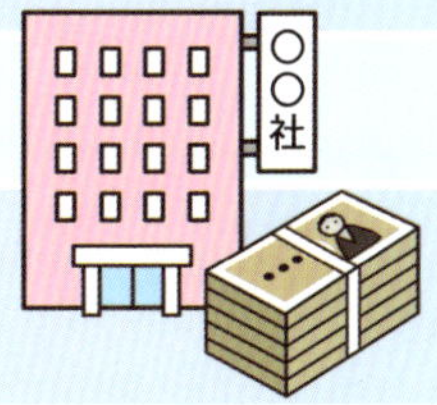

▶ 相対的記載事項

絶対的記載事項を補う形で記載する。定款に記載することで、法的な効力が認められる。

株式の譲渡制限	株式譲渡の制限や譲渡時の承認について定める。中小企業の多くが、この規定を設けている。
現物出資	現物出資する財産と、その価額と出資した者の氏名など。
財産引受	発起人が設立途中の会社に対して、将来的に財産をゆずり渡す約束をすること。
発起人の報酬	発起人が会社設立にあたって、行った労務に対する報酬について定める。

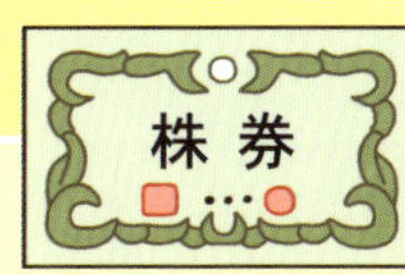

▶ 任意的記載事項

会社法の規定や公序良俗に反しない限り、自由に規定できる事項。

定時株主総会の招集時期	定時株主総会は決算から一定時期のうちに開く必要があり、その時期を記載する。
取締役など役員の数	取締役会を設置している場合は、3人以上の取締役（それに加えて監査役1人）について記載。設置していない場合は、1人以上の取締役について記載。氏名は必要ない。
事業年度	事業年度がいつからいつまでかを記載。

用語解説 **公証役場**：公証役場は法務局や地方法務局が管轄する区域内に設けられ、公証人が実務を行う場所のこと。本店がある都道府県なら、どこの公証役場でも手続きができる。

定款のつくり方を理解しよう

基本的な章構成を知り、ルールを守ってつくる！

章立てして記載し プリントして製本する

定款は、使う用紙やフォーマットなどに決まりはありません。ただし、**A4縦置きで横書き、文字は黒のみ**です。また、定款全体の**末尾に発起人全員の名前を書いたうえで、押印する**などの決まりがあります。

手書きでつくってもよいですが、鉛筆は使えません。定款は最低でも**会社保存用、公証役場提出用、法務局提出用と、同じものを3部作成する**必要があります。そのため、パソコンで作成・管理するのが一般的です。

中小企業の場合、一般的な記載の形式は次のとおりです。まず、**すべての**

定款の基本構成

中小企業の場合、定款は「総則」「株式」「株主総会」「取締役」「計算」「附則」の６章構成にするのが一般的。

第1章 総則	会社の基本情報を記載する章。総則を見れば、どんな会社なのかがわかるようにする。	商号、事業目的、本店所在地、公告方法 など
第2章 株式	株式に関する取り決めを記載する。	発行可能株式数、譲渡制限、配当の基準日、株主名簿の記載の請求 など
第3章 株主総会	株主総会の規定を記載する。	招集時期、招集の方法、決議、議事録 など
第4章 取締役	取締役に関する規定。取締役会や監査役を設置する会社は、別章を増やして記載することもある。	員数、資格、選任、任期 など
第5章 計算	決算などに関する規定を記載する。	事業年度、剰余金の配当 など
第6章 附則	そのほか、設立にあたって取り決めたことなど、第１～５章以外の規定を記載する。	設立時の資本金の額。初年度の事業年度。設立時取締役、発起人氏名、現物出資 など

用語解説 **契印**：複数ページからなる書類がひとつながりの文書であることを示す印。割印と混同されやすいが、割印は独立した複数の文書同士の関連を示すための印。

記載内容を総則、株式、株主総会、取締役、計算、附則《ふそく》の6つに分け、それぞれ第1章から第6章として構成します。そして、各章の記載事項は第○条として箇条書きにし、それぞれ第1条第1項、第2項として細かい項目を列挙していきます。

発起人全員の同意を得て定款が完成したら、3部プリントアウトし、ホチキスでとめるなどして製本しましょう。表紙はつけても、つけなくてもどちらでもかまいません。また、複数ページにわたる定款全体が1つの文書であることを示すため、契印《けいいん》を押すことが定められています。

定款は公証役場で認証を受けたあと、登記申請を行うときに設立登記申請の添付書類として法務局にも提出します。

記載内容や製本方法などが一連の条件を満たしていないと、認証や登記に支障が出る可能性があるので気をつけてください。

定款のとじ方

定款は複数枚になることが一般的。そのため、その複数枚の書類が１つの文書であることを示すため、所定の方法でとじて、契印を押す必要がある。

ホチキスどめ

1 書類をすべて重ねて、2カ所をホチキスでとめる。

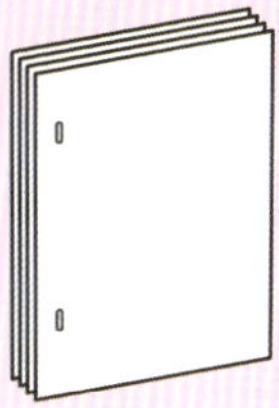

2 見開きごとに左右の書類にまたがるよう、発起人1人につき1カ所に契印を押す。

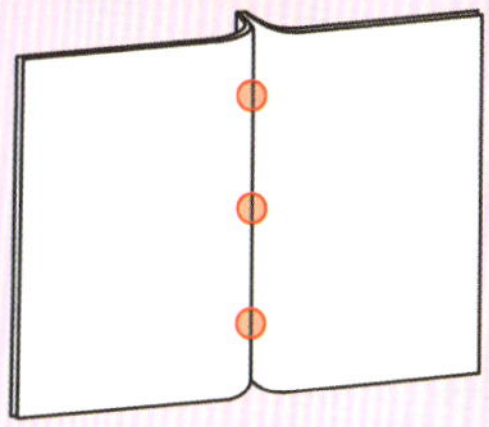

製本テープどめ

1 A3片面の書類を二つ折りにして重ね、ホチキスでとめる。

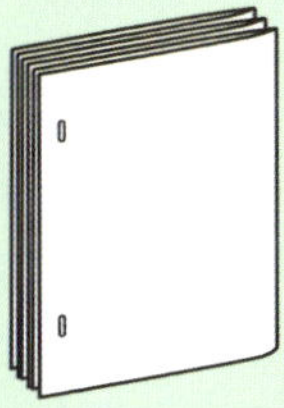

2 背の部分を製本テープで固定。製本テープと表紙部分にまたがるよう、発起人1人につき1カ所に契印を押す。裏側も同様に押印する。

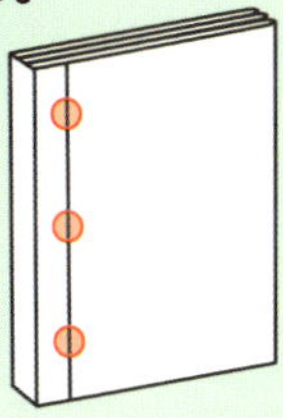

マメ知識　発起人全員の押印が必要な修正は、対応に時間がかかりがち。あらかじめ捨印（➔P125）を押しておくことで、土壇場での修正にも対応できる。

書き方

「定款」の作成例

第1章　総則

（商号）

第1条　当会社は、株式会社西月堂と称する。

商号（会社名）を記載（➡P86）。

（目的）

第2条　当会社は、次の事業を行うことを目的とする。

(1)　食料品の製造および販売

(2)　食料品の加工および販売

(3)　食料品の企画および開発

(4)　食料品の輸入および販売

(5)　前各号に附帯または関連する一切の事業

事業目的を記載（➡P88）。

（本店所在地）

第3条　当会社は、本店を東京都文京区に置く。

定款では最小行政単位（市区町村）まででOK。町名・番地や部屋番号まで記載してもよい（➡P91）。

（公告方法）

第4条　当会社の公告は、官報に掲載する方法により行う。

官報、新聞、電子公告のいずれかから選ぶ。

第2章　株式

（発行可能株式総数）

第5条　当会社の発行可能株式総数は、1000株とする。

（株券の不発行）

第6条　当会社の発行する株式については、株券を発行しない。

現在では株券は発行しないのが原則だが、定款でもその旨を記載しておくとわかりやすい。

（株式の譲渡制限）

第7条　当会社の発行する株式の譲渡による取得については、取締役の承認を受けなければならない。ただし、当会社の株主に譲渡する場合は、承認をしたものとみなす。

これは非公開会社（➡P36）とする記載例。

（相続人等に対する売渡請求）

第8条　当会社は、相続、合併その他の一般承継により当会社の譲渡制限の付された株式を取得した者に対し、当該株式を当会社に売り渡すことを請求することができる。

会社経営に関係ない人が経営に干渉するのを防ぐため、死去した株主の株式を会社で買い取る規定。

（株主名簿記載事項の記載の請求）

第9条　当会社の株式の取得者が株主の氏名等株主名簿記載事項を株主名簿に記載または記録することを請求するには、当会社所定の書式による請求書にその取得した株式の株主として株主名簿に記載もしくは記録された者またはその相続人その他の一般承継人と株式の取得者が署名または記名押印し、共同してしなければならない。ただし、法務省令で定める場合は、株式取得者が単独で上記請求をすることができる。

株主が代わった際、株主は株主名簿にその旨を記載・記録するよう求めることができるという文面。規定を明確にするため定款に盛り込んでいる会社が多い。

（質権の登録および信託財産表示請求）

第10条　当会社の発行する株式につき質権の登録、変更もしくは抹消、または信託財産の表示もしくは抹消を請求するには、当会社所定の書式による請求書に当事者が署名または記名押印してしなければならない。

株主が株式を借金の担保とした場合などに、株主名簿に記載するための規定を記載。

（手数料）

第11条　前2条の請求をする場合には、当会社所定の手数料を支払わなければならない。

株主の権利行使をどの段階から認めるかという規定。これがないと、譲渡が繰り返された場合などに混乱が生じやすい。

（基準日）

第12条　当会社は、毎年３月末日の最終の株主名簿に記載または記録された議決権を有する株主をもって、その事業年度に関する定時株主総会において権利を行使することができる株主とする。

２　第１項のほか、必要があるときは、あらかじめ公告して、一定の日の最終の株主名簿に記載または記録されている株主または登録株式質権者をもって、その権利を行使することができる株主または登録株式質権者とすることができる。

（株主の住所等の届出）

第13条　当会社の株主および登録株式質権者またはそれらの法定代理人は、当会社所定の書式により、住所、氏名および印鑑を当会社に届け出なければならない。

２　前項の届出事項を変更したときも同様とする。

招集通知を行う期限は、株主総会の２週間前まで。譲渡制限会社で取締役会を設置しない会社は、１週間以内でもOK。

第３章　株主総会

（招集時期）

第14条　当会社の定時株主総会は、毎事業年度の終了後３カ月以内に招集し、臨時株主総会は、必要がある場合に招集する。

（招集権者）

第15条　株主総会は、法令に別段の定めがある場合を除き、取締役社長が招集する。

（招集通知）

第16条　株主総会の招集通知は、当該株主総会で議決権を行使することができる株主に対し、会日の５日前までに発する。ただし、書面投票または電子投票を認める場合は、会日の２週間前までに発するものとする。

株主の普通決議に関する規定を記載。

（株主総会の議長）

第17条　株主総会の議長は、取締役社長がこれに当たる。

２　取締役社長に事故があるときは、当該株主総会で議長を選出する。

（株主総会の決議）

第18条　株主総会の決議は、法令または定款に別段の定めがある場合を除き、出席した議決権を行使することができる株主の議決権の過半数をもって行う。

（決議の省略）

第19条　取締役または株主が株主総会の目的である事項について提案をした場合において、当該提案について議決権を行使することができる株主の全員が提案内容に書面または電磁的記録によって同意の意思表示をしたときは、当該提案を可決する旨の株主総会の決議があったものとみなす。

株式会社には株主総会の議事録を作成し、保管する義務がある。

（議事録）

第20条　株主総会の議事については、開催日時、場所、出席した役員ならびに議事の経過の要領およびその結果その他法務省令で定める事項を記載または記録した議事録を作成し、議長および出席した取締役がこれに署名もしくは記名押印または電子署名をし、株主総会の日から10年間本店に備え置く。

第４章　取締役および代表取締役

（取締役の員数）

第21条　当会社の取締役は、１名以上５名以下とする。

最小員数が多いと、欠員が出たときに補充する必要が生まれるので、小規模な会社は「1名以上」としておくとよい。

←P122へ続く

取締役の任期は原則２年だが、非公開会社は最長10年まで設定できる。

（取締役の資格）

第22条　取締役は、当会社の株主の中から選任する。ただし、必要があるときは、株主以外の者から選任することを妨げない。

（取締役の選任）

第23条　取締役は、株主総会において、議決権を行使することができる株主の議決権の３分の１以上を有する株主が出席し、その議決権の過半数の決議によって選任する。

2　取締役の選任については、累積投票によらない。

（取締役の任期）

第24条　取締役の任期は、選任後５年以内に終了する事業年度のうち最終のものに関する定時株主総会の終結時までとする。

2　任期満了前に退任した取締役の補欠として、または増員により選任された取締役の任期は、前任者または他の在任取締役の任期の残存期間と同一とする。

（代表取締役および社長）

代表取締役の選任方法を記載。この例は取締役による選出だが、株主総会で選任する方法もある。

第25条　当会社に取締役を複数置く場合には、代表取締役１名を置き、取締役の互選により定める。

2　代表取締役は、社長とし、当会社を代表する。

3　当会社の業務は、専ら取締役社長が執行する。

（取締役の報酬および退職慰労金）

第26条　取締役の報酬および退職慰労金は、株主総会の決議によって定める。

第５章　計算

（事業年度）

第27条　当会社の事業年度は、毎年４月１日から翌年３月末日までの年１期とする。

（剰余金の配当）

配当を受け取る人に関する規定について記載。

第28条　剰余金の配当は、毎事業年度末日現在の最終の株主名簿に記載または記録された株主または登録株式質権者に対して行う。

（配当の除斥期間）

第29条　剰余金の配当が、その支払の提供の日から３年を経過しても受領されないときは、当会社は、その支払義務を免れるものとする。

第６章　附則

（設立に際して出資される財産の最低額）

第30条　当会社の設立に際して出資される財産の最低額は、金500万円とする。

（成立後の資本金および資本準備金の額）

第31条　当会社の成立後の資本金の額は、金400万とし、資本準備金の額は金100万とする。

（最初の事業年度）

第32条　当会社の最初の事業年度は、当会社成立の日から○年３月末日までとする。

（設立時取締役等）

第33条　当会社の設立時取締役および設立時代表取締役は、次のとおりである。

設立時取締役　　西園紘一郎

設立時取締役　　西園千代子

設立時取締役　　　　西園ちとせ
東京都文京区本郷○丁目○番○号
設立時代表取締役　　西園亮

(発起人の氏名ほか)

第34条　発起人の氏名、住所および設立に際して割当てを受ける株式数ならびに株式と引換えに払い込む金銭の額は、次のとおりである。

東京都文京区本郷○丁目○番○号

住所は印鑑証明書のとおりに記載。最小行政単位以下の番地なども省略しない。

発起人　西園紘一郎　100株　金100万円
東京都文京区本郷○丁目○番○号
発起人　西園千代子　100株　金100万円
東京都文京区本郷○丁目○番○号
発起人　西園ちとせ　100株　金100万円
東京都文京区本郷○丁目○番○号
発起人　西園亮　100株　金100万円
現物出資100株(第35条記載のとおり。)

現物出資がある場合には、その詳細を記載(➡P128)。

(現物出資)

第35条　当会社の設立に際して現物出資をする者の氏名、出資の目的である財産、その価額およびこれに対して割り当てる株式の数は、次のとおりである。

(1)　出資者の氏名　西園紘一郎
(2)　出資財産およびその価額
○○製造機　××××(A株式会社 20××年製) 2台　金30万円
東京都文京区本郷○丁目○番○号の宅地　○○㎡　金70万円
(3)　以上に対して割り当てる設立時発行株式の数
100株

(発起人の報酬)

第36条　発起人　西園亮に対する報酬は金○○万円とする。
発起人　西園紘一郎に対する報酬は金○○万円とする。
発起人　西園千代子に対する報酬は金○○万円とする。
発起人　西園ちとせに対する報酬は金○○万円とする。

(法令の準拠)

第37条　この定款に規定のない事項は、すべて会社法その他の法令に従う。

以上、株式会社西月堂設立のためこの定款を作成し、発起人が次に記名押印する。

定款を作成した日付。公証役場で申請する日とあまり間をあけない。

○年○月○日

発起人　西園亮
発起人　西園紘一郎
発起人　西園千代子
発起人　西園ちとせ

発起人全員が氏名を記名・実印を押印する。

Do the procedure

- □ 基本知識
- ☑ 実践
- □ 記入見本

手続きの流れと必要なものを押さえておこう

定款の認証を受ける

発起人全員で公証役場へ出向く

定款が完成したら、**公証役場で公証人の認証**を受けます。**本店のある都道府県内の公証役場なら、どこでも手続きを行うことができます。**

定款の認証を郵送で行うことはできません。定款の認証はあらかじめ手続きの日時を予約し、**すべての発起人がそろって公証役場まで足を運ぶ**必要があります。どうしても行けない発起人がいれば、委任状を作成することになります。

定款に不備があれば、出直さなくてはいけません。そのため、ファクシミリを使って、公証人に事前のチェックを依頼することができます。電話で依頼の旨を伝えたうえで、実印を押印した定款のほか、印鑑証明書などの必要書類をファクシミリで送信するしくみです。このとき、あわせて「実質的支配者となるべき者の申告書」も提出しましょう。

それでも手続きの当日に、土壇場で修正が発生することも少なくありません。発起人が全員そろわない場合に備えて、最後のページに修正のための捨《すて》印《いん》を押しておくのが安全でしょう。

当日は収入印紙＋認証手数料など、約9万2000円の費用に加え、印鑑証明書などの書類を持っていく必要があります。忘れないよう、事前によく確認しておきましょう。

定款認証の流れをチェック!

❶ 手続きを行う公証役場を決める	会社の本店所在地と同じ都道府県内にある公証役場であれば、どこでもOK。
❷ ファクシミリで事前チェックを受ける	事前チェックの結果を受けて、必要なら定款を修正する。
❸ 公証役場に行く日時を予約する	発起人全員で行く必要がある（欠席者は委任状を作成）。公証人の不在や混雑などの事態を考えれば、予約しておいたほうがよい。
❹ 公証役場で認証を受ける	認証文が添付された定款2部を受け取る。1部は会社保存用、1部は登記用とする。

用語解説 **実質的支配者となるべき者の申告書**：2018年11月30日より、筆頭株主や代表取締役など、法人を実質的に支配する個人を公証人に申告する制度ができた。

定款の認証に必要なものをチェック!

定款の認証に必要なものは、次のとおり。忘れ物がないように慎重に準備を進めよう。

- [ ] **定款(3部)**
  1部は公証役場保存用として回収され、残り2部は会社保存用、登記用として発起人に返却される。
- [ ] **印鑑証明書**
  発起人ごとに1通ずつ用意(発行後3カ月以内のもの)。
- [ ] **身分証**
  発起人の運転免許証など、本人確認ができるもの(公証役場による)。
- [ ] **発起人の実印**
  当日必要になった場合に備えて持参する。
- [ ] **実質的支配者となるべき者の申告書**
  定款の事前チェックを受ける際に、必要事項を記入・押印のうえ、提出する。
- [ ] **委任状・代理人の印鑑と身分証**
  当日公証役場へ出向くことができない発起人がいた場合、委任状が必要になる。代理人は印鑑(認印でOK)と運転免許証など、本人確認のできる身分証を持参。

定款認証にかかる費用

収入印紙	4万円
認証手数料	3～5万円(資本金の額による)
謄本代	約2,000円(250円×定款の枚数)
計	約9万2,000円

※電子定款の場合、収入印紙4万円は不要。

印紙

経営アドバイス 電子定款の場合も公証役場へ出向く

電子定款(➡P150)の場合も、公証役場で認証を受ける必要があります。電子定款はCD-R、USBメモリなど所定のメディアに保存して提出します。メディアのほかに、発起人の押印をした紙の定款を1部提出する必要があります(収入印紙の添付は不要)。

認証がすんだら定款のプリントアウトに、公証人が証明書を添付した「定款の同一情報」を2部発行してもらい、1部は会社に保管、1部は登記申請に使います。

用語解説 **捨印**:訂正などに備えて、書面の欄外にあらかじめ押印しておく印のこと。定款などの申請書類に捨印を押しておくことで、土壇場での修正に対応できるようになる。

資本金の払込をする

払込をしてその証明書を作成しよう

発起人の口座に払込をする

定款の認証を終えたら、次に**資本金の払込**を行います。払込の手順は発起設立か募集設立か（➡P34）で異なりますが、ここでは発起設立を中心に見ていきます。

払込は登記申請の前に行うため、まだ会社の銀行口座がありません。したがって、**払込先は発起人（発起人が複数の場合は代表者）の個人口座**になります。会社の口座を開設したあとに、資本金はそちらへ移します。発起人の個人口座は一時的に入れておくだけのものなので、すでに開設している個人口座でOKです。

通帳のコピーと一緒に必要な書面をとじる

ただし、同じ時期に出資金以外の入出金があると、どれが出資金の払込かまぎらわしくなります。そのため、日常的に使っている口座と別のものにするのが無難でしょう。また、個人事業時代の屋号名義の口座を使うと、登記申請で落とされる可能性があるので注意してください。

会社設立時の**取締役（複数人いる場合はその全員）が払込の事実を確認したあと、その証明となる払込証明書を作成**します。これを通帳のコピーと一緒にとじ、1つの文書として登記申請時に提出します。

「資本金の払込証明書」の構成

資本金の払込証明書は下記の書類をひとまとめにして完成させる。とじ方は定款のとじ方（➡P119）と基本的に同じ。

1ページ目	払込があったことを証する書面（➡左ページ）
2ページ目	通帳の表紙（コピー）
3ページ目	通帳の裏表紙（コピー）
4ページ目	入金が記録された通帳のページ（コピー）

該当部分に蛍光マーカーなどで印をつけておく。

用語解説 **払込の事実を確認**：会社設立時の取締役が、発起人代表者の口座を確認し、発起人による資本金の払込の調査を行う。現物出資がある場合はP128を参照。

書き方

「払込があったことを証する書面」の作成例

払込があったことを証する書面

当会社の設立により発行する株式につき、次のとおり払込金額全額の払込があったことを証明します。

総額と合計株数を記載。
発起人ごとの内訳は不要。

払込があった金額の総額	400万円
払込があった株数	400株
1株の払込金額	1万円

○年○月○日

発起人全員からの払込が終わった以後の日付にする。

(本店)東京都文京区本郷○丁目○番○号

(商号)株式会社西月堂

設立時の代表取締役が作成する。

設立時代表取締役　西園亮

登記所に届け出る代表者印を押す。

訂正に備えて捨印を押しておく。

Do the procedure

- 基本知識
- 実践
- ☑ 記入見本

現物出資の方法を知ろう

不動産、自動車からパソコンまで幅広いものが認められている！

事業に使うモノで出資することもできる

出資は現金だけでなく、モノなど財産による**現物出資**を行うこともできます。具体的には、**事業で使う自動車やパソコンなどの物品から、建物や土地などの不動産など**です。

現物で出資されたモノも出資金の一部として計上されるので、具体的な金額に換算する必要があります。

また、現物で出資したモノの種類と価額は、定款に記載する必要があります。定款への記載に基づいて設立時の取締役が調査を行い、現物出資の**「調査報告書」**を作成します。登記申請ではこの「調査報告書」に加え、**「財産**

書き方

「財産引継書」の作成例

財産引継書

定款と調査報告書に記載された現物出資の財産を記載。

現物出資の目的たる財産の表示

イ　○○製造機　××××（A株式会社 20××年製）2台

価額　金30万円

ロ　東京都文京区本郷○丁目○番○号の宅地　○○㎡

定款に記載された価額　金70万円

以上の価額の合計　　金100万円

以上、私所有の上記財産を現物出資として給付します。

○年○月○日

定款の認証よりあとの日付でなくてはならない。

東京都文京区本郷○丁目○番○号

発起人　西園紘一郎

修正があった場合に備えて捨印を押す。

株式会社西月堂　御中

引継書」、「資本金の額の計上に関する証明書」（➡P94）の添付も必要です。

ここで重要になるのが、出資したモノの価額を適正に見積ること。**適正価格よりも高い金額で定款に記載すると、不足分の穴埋めが必要になることもあります。**

現物による出資は500万円以下を目安に！

現物出資した財産は、会社の名義に変更する必要があります。名義変更には費用がかかることもあるので注意しましょう。

現物出資の価額が500万円を超える場合には、検査役の調査が必要になります。そのため、現物出資は500万円以下の範囲とし、価額の調査を自分たちで行うのが一般的。税理士など専門家に頼りながら、現実的な価額となるようにしましょう。

書き方

「調査報告書」の作成例

設立時の取締役は以下の3点について調査を行い、調査報告書を作成する。

❶ 検査役の調査を必要としない現物出資財産について、定款に記載・記録された価額が相当か
❷ 出資の履行が完了しているか
❸ 会社の設立手続きが法令や定款に違反していないか

調査報告書

定款どおりに詳細まで記載。

○年○月○日株式会社西月堂（設立中）の取締役に選任されたので、会社法第４６条の規定に基づいて調査をした。その結果は次のとおりである。

調査事項

1　定款に記載された現物出資財産の価額に関する事項（会社法第３３条第１０項第１号に該当する事項）定款に定めた現物出資をする者は発起人西園紘一郎であり、出資の目的たる財産、その価額ならびにこれに対し割り当てる設立時発行株式の種類および数は下記のとおりである。

イ　○○製造機　××××（A株式会社 20××年製）2台
定款に記載された価額　金30万円
これに対し割り当てる設立時発行株式　普通株式　30株

ロ　東京都文京区○丁目○番○号の宅地　○○㎡
定款に記載された価額　金70万円
これに対し割り当てる設立時発行株式　普通株式　70株

価額は、弁護士の証明を受けた場合の記載例。

①　上記イについては、時価金40万円と見積もられるべきところ、定款に記載した評価価額はその約４分の３の金30万円であり、これに対し割り当てる設立時発行株式の数は30株であることから、当該定款の定めは正当なものと認める。

②　上記ロにつき、会社法第３３条第１０項第３号の規定に基づく弁護士の証明書および不動産鑑定士の鑑定評価書を受領しており、これを調査した結果、正当であることを認める。

2　現物出資の目的たる財産の給付があったことは、別紙財産引継書により完了していると認める。

3　○年○月○日までに払込みが完了していることは株式会社○×銀行の払込金受入証明書により認める。

4　上記事項以外の設立に関する手続が法令又は定款に違反していないことを認める。

上記のとおり会社法の規定に従い報告する。

○年○月○日
株式会社西月堂

就任承諾書の日付よりあとの日付でなくてはならない。

修正があった場合に備えて全員分の捨印を押す。

株式会社西月堂
設立時代表取締役　西園亮　㊞
設立時取締役　西園紘一郎　㊞
同　西園千代子　㊞
同　西園ちとせ　㊞

複数ページにまたがる場合、各ページのつづり目に契印を押す。契印は記名・押印した人のうち1名のみでOK。

Do the procedure

- ☐ 基本知識
- ☑ 実践
- ☐ 記入見本

スムーズに申請手続きを進められるようにしよう

登記の基本を知ろう

法務局へ申請して審査を受ける

法人の登記とは、会社に関するさまざまな事項を公的機関に登録することです。登記によって会社の情報が登記簿に載るので、それを照会すれば誰でもその会社の事業目的、資本金の額、役員の名前などを閲覧することができるようになります。

このように会社の情報を公にすることで、取引の安全性を保障しているわけです。そのため、虚偽《きょぎ》の記載などがあった場合には、罰則を科せられることもあります。

登記するには、まず法務局へ必要書類を提出して申請を行います。それと

登記申請の流れをチェック!

登記手続きが完了するまで、スムーズに進んでも5〜9日はかかる。

❶ 登記申請書と添付書類を作成する

登記申請書や必要な添付書類(➡P132)などを記入、作成する。

❷ 書類の記載・押印などをチェック

記載内容や押印の有無は入念に確認すること。
とくに押印の誤りには要注意。

❸ 法務局で登記申請を行う

本店所在地を管轄する法務局で申請。
申請時に窓口で登記が完了する予定日も確認しておく。

「調査報告書の作成日(➡P129)」か「発起人が定めた日」のいずれか遅い日から2週間以内で、会社設立日当日!

❹ 不備があった場合は補正を行う

補正について法務局から連絡があれば、それに従う。
登記官が設定した期間内に対処を終えること。

❺ 受理されたら登記完了

申請内容や補正内容が受理されれば、登記完了となる。

❻ 会社の登記事項証明書、印鑑証明書などを取得する

どちらも会社名義の銀行口座を開設するとき、税務署へ届出をするときなど、数々の手続きで必要となる。

マメ知識 登記は持参・郵送以外に、オンラインでも申請できる。ただし、登記申請書以外の添付書類は、持参か郵送で提出する必要がある。

同時に、登録免許税（➡P134）を納めます。提出した書類は法務局で審査され、受理されたら登記は完了です。

不備があれば指示どおりに対処

申請方法は、おもに**本店所在地を管轄するの法務局へ書類を持参するか、郵送するか**の2通りがあります。

いずれの場合も**書類に不備がなければ、5～9日ほどで登記が完了**します。もし不備があれば、法務局から連絡があるので、それを受けて対処することになります。

書類の補正で解決する不備なら、再び法務局に出向くか郵送するかして対処します。しかし、出資がきちんと行われていなかったなど、書類の補正では対応できない不備もあり得ます。その場合は取下書《とりさげしょ》を提出し、申請を取り下げるしかありません。

受理されるまでの流れをチェック！

登記申請後の流れは、基本的に次のとおり。補正の指示を受けたとき、補正しない場合や補正できない場合は、申請が却下される。

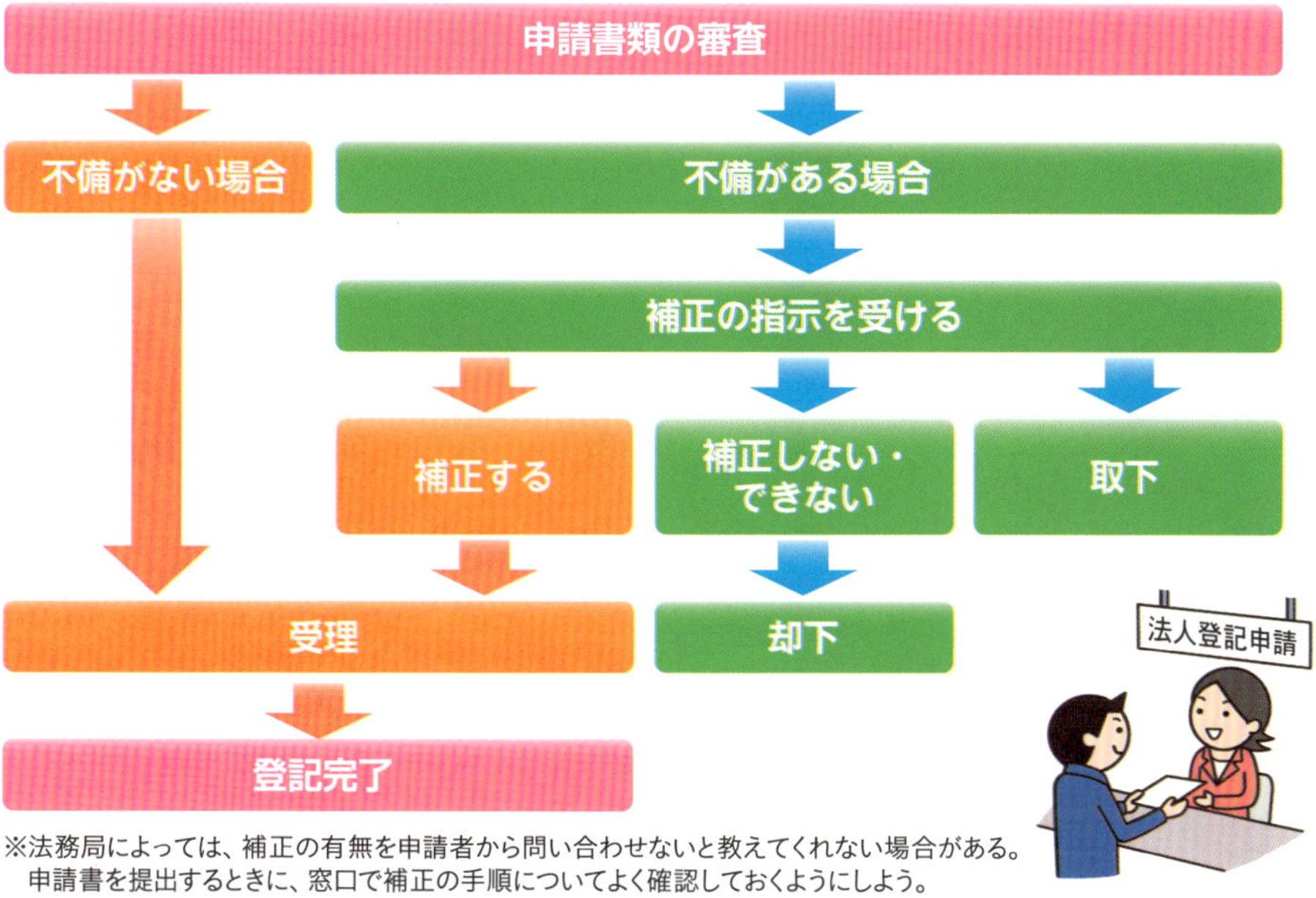

※法務局によっては、補正の有無を申請者から問い合わせないと教えてくれない場合がある。申請書を提出するときに、窓口で補正の手順についてよく確認しておくようにしよう。

申請日が会社設立日となる

会社の設立日は登記完了日でなく、申請した日となる。月初の1日とすると初年度の税金（法人住民税の均等割➡P216）がフルに12カ月分として計算されるが、2日以降なら切り捨てで11カ月分となる。

マメ知識 登記申請書の訂正を「補正」と呼ぶ。補正で対応できず、申請をやり直す場合は「取下」、申請者が補正に応じないなどの理由で審査をパスしない場合は、登記官による「却下」となる。

登記申請を行う

必要な書類をもれなく用意し、提出する

提出書類と押す印鑑は入念にチェックしよう

登記申請に必要な書類は設立方法、取締役の人数、取締役会の有無などによって変わります。とじるときの順番に決まりはありませんが、スムーズな審査のため、下表のとおり順序よくとじておくほうがよいでしょう。

書類の漏れのないよう、提出前には慎重にチェックしてください。また、押す印鑑の種類を間違えたために、申請が通らないケースもよくあります。個人印なのか、代表者印なのかなど、**書類ごとによく確認してから押印しましょう。**

登記申請に必要な書類一覧（株式会社の場合）

書類名	署名捺印者＋印鑑	必要な場合	作例例
❶登記申請書	代表取締役＋会社の実印	必須	P133
❷登録免許税納付用台紙	－	必須	P134
❸定款（公証役場で認証を受けたもの）	発起人＋個人の実印	必須	P120
❹発起人の決定書	発起人＋個人の実印	必須	P95
❺取締役の就任承諾書	取締役＋個人の実印	必須	P96
❻代表取締役の就任承諾書	代表取締役＋個人の実印	取締役が2名以上いる場合	P96
❼監査役の就任承諾書	監査役＋個人の実印	監査役を置く場合	P96
❽代表取締役以外の役員の本人確認証書	－	取締役会を置く場合	
❾取締役全員の印鑑証明書	－	取締役会を置く場合は、代表取締役のもののみでOK	
❿払込があったことを証する書面	代表取締役	募集設立の場合は「株式払込金保管証明書」	P127
⓫調査報告書	取締役	現物出資がある場合。現物出資が500万円を超える場合は、検査役の調査報告書とその附属書類か、弁護士などの証明書とその附属書類が別途必要になる。	P129
⓬財産引継書	発起人	現物出資がある場合。現物出資が500万円を超える場合は、検査役の調査報告書とその附属書類か、弁護士などの証明書とその附属書類が別途必要になる。	P128
⓭資本金の額の計上に関する証明書	代表取締役	現物出資がある場合。現物出資が500万円を超える場合は、検査役の調査報告書とその附属書類か、弁護士などの証明書とその附属書類が別途必要になる。	P94
⓮印鑑届出書	代表取締役＋個人の実印	必須	P136
⓯登記事項を記録した電磁的記録媒体（CDまたはDVD。再書き込み不可のもの）	－	必須	P135

①～⑬の書類は重ねて左端の2カ所をホチキスでとめてとじる。⑭はひとまとめにした①～⑬の書類の下に重ね、クリップでとめる。⑮はディスクに商号を記載したラベルを貼り、①～⑭と一緒に提出する。

書き方

「登記申請書」の作成例

登記申請書は自分で作成する。用紙はA4横書きが原則で、金額・数量・年月日・番号は算用数字を使う。2枚以上の場合はつづり目に契印（➡P119）を押す。この契印は代表者が複数いる場合でも、そのうち1人だけが押せばよい。

受付番号票貼付欄

株式会社設立登記申請書

1.商　号　　株式会社西月堂

1.本　店　　東京都文京区本郷○丁目○番○号

1.登記の事由　　○年○月○日発起設立の手続終了

1.登記すべき事項　　別添ＣＤ－Ｒのとおり

1.課税標準金額　　金４００万円

1.登録免許税　　金15万円

1.添付書類

定款	1通
発起人の決定書	1通
設立時取締役の就任承諾書	3通
設立時代表取締役の就任承諾書	1通
設立時会計参与の就任承諾書	1通
印鑑証明書	1通
本人確認証明書	3通
払込を証する書面	1通
設立時取締役の調査報告書およびその附属書類	1通
資本金の額の計上に関する設立時代表取締役の証明書	1通

上記のとおり、登記の申請をします。

○年○月○日

東京都文京区本郷○丁目○番○号
申請人　　株式会社西月堂
東京都文京区本郷○丁目○番○号
代表取締役　　西園亮

連絡先の電話番号　　０３—××××—××××

○○法務局　○○支局　御中

「1-2-3」のようにハイフンなどを使った表記は不可。

（株）などの略字は使わない。

取締役による出資の調査などが終わった日（「払込があったことを証する書面」➡P127の作成日）を記入。

オンライン登記を利用した場合は、「オンラインにより提出済み」と記載。

取締役が1人の場合は不要。

金銭出資のみの場合、不要。

会社印（代表者印）を押す。

補正がある場合に連絡を受ける電話番号。

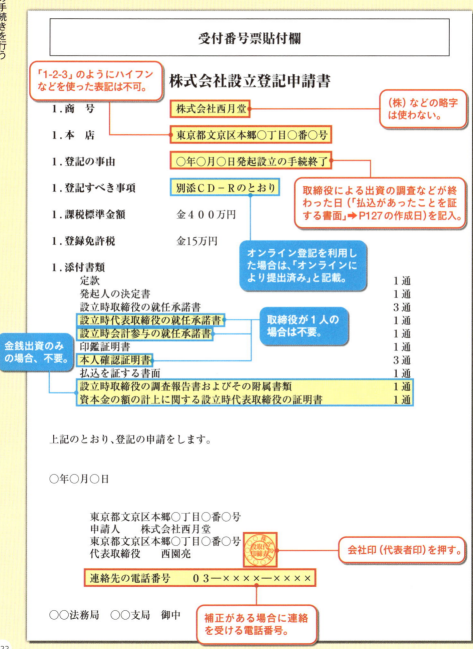

書き方

「登録免許税納付用台紙」の作成例

会社を登記するには、登録免許税の納付が必要になる。税額分の収入印紙を下記のような台紙に貼り、登記申請書とセットで窓口に提出することで納付を行う。消印を押してはいけない。

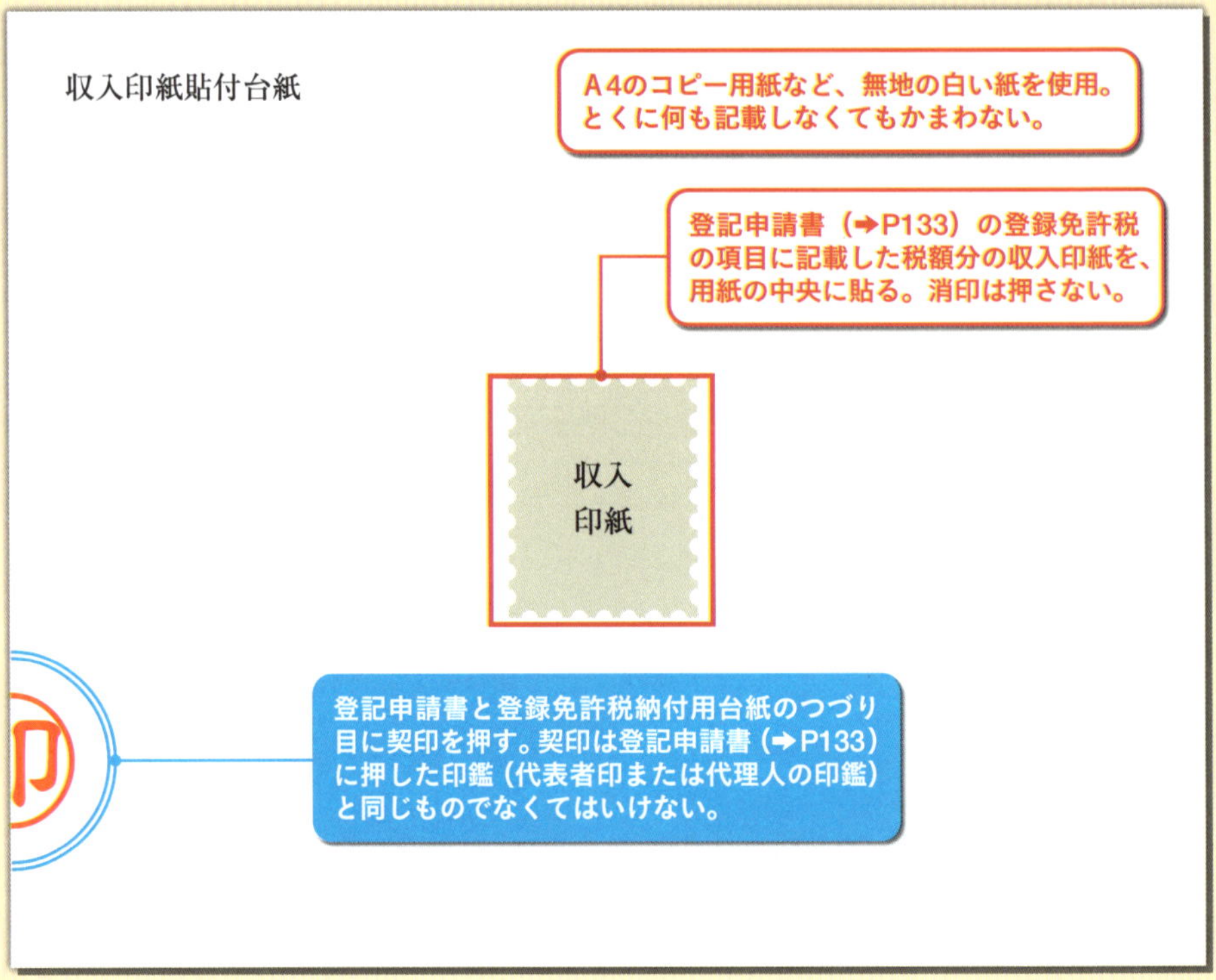
収入印紙貼付台紙
A4のコピー用紙など、無地の白い紙を使用。とくに何も記載しなくてもかまわない。
登記申請書（➡P133）の登録免許税の項目に記載した税額分の収入印紙を、用紙の中央に貼る。消印は押さない。
収入印紙
登記申請書と登録免許税納付用台紙のつづり目に契印を押す。契印は登記申請書（➡P133）に押した印鑑（代表者印または代理人の印鑑）と同じものでなくてはいけない。

登録免許税の納税額の計算方法

登録免許税は資本金の額に課されるもの。もし15万円に満たない場合は、15万円を納付する。

税額 ＝ **資本金額** × 0.7%

ルール1 資本金額（課税標準）は1,000円未満を切り捨て。
税額は100円未満を切り捨て。

ルール2 15万円に満たなければ、15万円を納付。

例 **資本金300万円の場合** 300万円×0.007＝21,000円 ＜15万円
➡**納付額は15万円となる**

CD-Rなどの電磁的記録媒体に記録する方法

登記事項は法務局でデジタルデータとして管理される。これまではOCRでデータ化していたが、現在はCD-Rなどに記録して提出する方法が主流。

CD-Rに記録する場合

❶テキスト形式(.txt)で、登記事項を下記のように記載する。
❷フォルダは設けず、❶のテキストファイルをCD-Rに保存する。

※そのほか、さまざまなルールがあるので、詳しくは各法務局のホームページなどで確認してください。

各項目は「」でくくる。

「商号」株式会社西月堂
「本店」東京都文京区○丁目○番○号
「公告をする方法」官報に掲載してする。

電子公告を選ぶ場合は以下のように公告を載せたURLや予備的な公告方法を含めて入力する。

「公告をする方法」電子公告による方法とする。
http://○○○○.co.jp
ただし、事故そのほかやむを得ない事由によって電子公告ができない場合の公告方法は、官報に掲載する方法とする。

「目的」
１　食料品の製造および販売
２　食料品の加工および販売
３　食料品の企画および開発
４　食料品の輸入および販売
５　前各号に附帯または関連する一切の事業
「発行可能株式総数」１０００株

数字もすべて全角(２バイト)文字で入力。

「発行済株式の総数」５００株
「資本金の額」金３００万円
「株式の譲渡制限に関する規定」
当会社の株式を譲渡するには，取締役会の承認を受けなければならない。
「役員に関する事項」
「資格」取締役
「氏名」西園紘一郎
「役員に関する事項」
「資格」取締役
「氏名」西園千代子
「役員に関する事項」
「資格」取締役
「氏名」西園ちとせ
「役員に関する事項」
「資格」代表取締役
「住所」東京都文京区本郷○丁目○番○号

代表取締役のみ住所まで入力。

「氏名」西園亮
「役員に関する事項」
「資格」会計参与
「氏名」安倍川善哉
「取締役会設置会社に関する事項」
取締役会設置会社

該当する場合に記載する。

「会計参与設置会社に関する事項」
会計参与設置会社
「登記記録に関する事項」設立

書き方

「印鑑届出書」の記入例

印鑑届出書とは、会社の代表者印を法務局に届け出るときに作成するもので、設立登記の申請を行う際に提出する。そうすることで、会社設立後に印鑑証明書の発行を受けられる。法務省ウェブサイトにPDFまたはエクセル形式の書式テンプレートがある。

印鑑（改印）届書

オンライン申請の場合は、申請番号か受付番号を余白に記載。

届出をする印鑑。この印鑑が登録されるので印影が欠けたり、不鮮明になったりしないよう注意して押印する。

。

支局・出張所　　×年　×月　×日　申請

商号・名称		株式会社西月堂
本店・主たる事務所		東京都文京区本郷○丁目○番○号
印鑑提出者	資格	(代表取締役)・取締役・代表理事・理事・（　　　）
	氏名	西園亮
	生年月日	大・(昭)・平・西暦 60 年 1 月 1 日生
会社法人等番号		0101-01-000001

（注２）
□ 印鑑カードは引き継がない。
☑ 印鑑カードを引き継ぐ。
印鑑カード番号
前任者

届出人（注３）　☑ 印鑑提出者本人　□ 代理人

住所	東京都文京区本郷○丁目○番○号
フリガナ	
氏名	西園亮

（注３）の印

登記事項証明書をすでに取得しており、番号がわかる場合に記載。

市区町村に登録済みの代表取締役個人の実印を押す。

委任状

私は，（住所）

（氏名）

を代理人と定め，印鑑（改印）の届出の権限を委任します。

年　月　日

住所

氏名　　　　印　（注３）の印〔市区町村に登録した印鑑〕

□ 市区町村長作成の印鑑証明書は，登記申請書に添付のものを援用する。（注４）

（注１）　印鑑の大きさは，辺の長さが１㎝を超え，３㎝以内の正方形の中に収まるものでなければなりません。

（注２）　印鑑カードを前任者から引き継ぐことができます。該当する□にレ印をつけ，カードを引き継いだ場合には，その印鑑カードの番号・前任者の氏名を記載してください。

（注３）　本人が届け出るときは，本人の住所・氏名を記載し，**市区町村に登録済みの印鑑**を押印してください。代理人が届け出るときは，代理人の住所・氏名を記載，押印（認印で可）し，委任状に所要事項を記載し，本人が**市区町村に登録済みの印鑑**を押印してください。

（注４）　この届書には作成後３か月以内の**本人の印鑑証明書**を添付してください。登記申請書に添付した印鑑証明書を援用する場合は，□にレ印をつけてください。

印鑑処理年月日				
印鑑処理番号	受付	調査	入力	校合

（乙号・８）

書き方

「印鑑カード交付申請書」の記入例

印鑑カード交付申請書とは、印鑑証明書の取得に必要な印鑑カードの交付を受けるためのもの。設立登記が完了したら、早めに管轄の法務局で申請を行うとよい。法務省ウェブサイトにPDFまたはエクセル形式の書式テンプレートがある。

届出をした代表者印を押印する。

印鑑カード交付申請書

※ 太枠の中に書いてください。

（地方）法務局　　支局・出張所　　×年 ×月 ×日 申請　　照合印

（注１）登記所に提出した印鑑の押印欄	商号・名称	株式会社西月堂
印（印鑑は鮮明に押印してください。）	本店・主たる事務所	東京都文京区本郷〇丁目〇番〇号
	印鑑提出者　資格	(代表取締役)・取締役・代表理事・理事・（　　）
	印鑑提出者　氏名	西園亮
	印鑑提出者　生年月日	大・(昭)・平・西暦 60年 1月 1日生
		0101-01-000001

登記事項証明書をすでに取得しており、番号がわかる場合に記載。

申請人（注２）☑ 印鑑提出者本人　□ 代理人

住所	東京都文京区本郷〇丁目〇番〇号	連絡先	①勤務先　２自宅
フリガナ			電話番号
氏名	西園亮		03-××××- ××××

勤務先や自宅などの連絡先（任意）の電話番号を記入。

委　任　状

私は，（住所）

（氏名）

を代理人と定め，印鑑カードの交付申請及び受領の権限を委任します。

年　月

住　所

氏　名　　印　　登記所に提出した印鑑

届出をした本人が申請する場合は印鑑提出者本人にチェックを入れ、住所、氏名を記入。

（注１）　押印欄には，登記所に提出した印鑑を押印してください。
（注２）　該当する□にレ印をつけてください。代理人の場合は，代理人の住所・氏名を記載してください。その場合は，委任状に所要事項を記載し，登記所に提出した印鑑を押印してください。

交付年月日	印鑑カード番号	担当者印	受領印又は署名

（乙号・９）

登記の完了を証明する

登記事項証明書などの書類を取得しよう!

登記が完了したという公式な証明書を入手する

法務局によっては、登記が完了しても通知されないことがあります。その場合、あらかじめ申請時に示されていた完了期日を何ごともなく過ぎれば、登記が完了したことになります。

登記完了によって会社が正式に設立され、公に活動を始めることができるようになります。

登記後、最初に行うのが会社の銀行口座開設、税務署への届出などです。これらの手続きや届出を行うためには、会社が正しく登記されていることを証明する必要があります。

その**証明に必要なのが登記事項証明書**（**登記《とうき》簿《ぼ》謄本《とうほん》**）です。手数料を支払って申請すれば取得でき、身分証や押印なども必要ありません。

法務局によっては、タッチパネル式の登記事項証明書等発行請求機があり、すぐに交付を受けられます。また、交付は郵送か窓口のどちらかですが、申請だけならオンライン申請を行うこともできます（ただし、初期設定に手間がかかるので注意が必要です）。

登記事項証明書は、**現在事項証明書**、**履歴事項証明書**、**閉鎖事項証明書**、**代表者事項証明書**の4つの総称です。交付を受ける際、この中から必要なものを選んで申請してください。申請した証明書は登記所窓口または郵送で受け取れます。

経営 アドバイス　登記事項証明書のちがいは?

4種類の登記事項証明書は、おもに次のようなちがいがあります。

1. 「現在事項証明書」➡現在効力を持つ事項など。
2. 「履歴事項証明書」➡❶＋過去3年の抹消履歴。
3. 「閉鎖事項証明書」➡解散するなどして登記記録が閉鎖された会社の事項。
4. 「代表者事項証明書」➡代表者の代表権に関する事項。

用語解説　**登記事項証明書**：登記情報の一部または全部を証明する書類。これまでの登記簿謄本がデジタルデータ化によって、登記事項証明書に変わった。

書き方

「登記事項証明書交付申請書」の記入例

会社法人用

登 記 事 項 証 明 書
登 記 簿 謄 抄 本 交付申請書
概 要 記 録 事 項 証 明 書

交付を希望する会社の商号と本店所在地を記入。

※ 太枠の中に書いてください。

（地方）法務局　　支局・出張所　　×年 ×月 ×日 申請

窓口に来られた人（申 請 人）	住 所	東京都文京区本郷〇丁目〇番〇号
	フリガナ 氏 名	西園亮
商号・名称（会社等の名前）		株式会社西月堂
本店・主たる事務所（会社等の住所）		東京都文京区本郷〇丁目〇番〇号
会社法人等番号		

収入印紙欄

収 入 印 紙

収 入 印 紙

収入印紙は割印をしないでここに貼ってください。

（登記印紙も使用可能）

※ 必要なものの□にレ印をつけてください。

わかっている場合に記載。

請 求 事 項	請求通数
①全部事項証明書（謄本） □ 履歴事項証明書 （閉鎖されていない登記事項の証明） ※現在効力がある登記事項に加えて，当該証明書の交付の請求があった日の３年前の日の属する年の１月１日から請求があった日までの間に抹消された事項等を記載したものです。 □ 現在事項証明書 （現在効力がある登記事項の証明） □ 閉鎖事項証明書 （閉鎖された登記事項の証明） ※当該証明書の交付の請求があった日の３年前の属する年の１月１日よりも前に抹消された事項等を記載したものです。	通
②一部事項証明書（抄本） □ 履歴事項証明書 □ 現在事項証明書 □ 閉鎖事項証明書 ※商号・名称区及び会社・法人状態区は，どの請求にも表示されます。 ※ 必要な区を選んでください。 □ 株式・資本区 □ 目的区 □ 役員区 □ 支配人・代理人区 ※２名以上の支配人・参事等がいる場合で、その一部の者のみを請求するときは、その支配人・参事等の氏名を記載してください。 （氏名 ） （氏名 ） □ その他（ ）	通
③□代表者事項証明書 （代表権のある者の証明） ※2名以上の代表者がいる場合で，その一部の者の証明のみを請求するときは，その代表者の氏名を記載してください。（氏名 ）	通
④コンピュータ化以前の閉鎖登記簿の謄抄本 □ コンピュータ化に伴う閉鎖登記簿謄本 □ 閉 鎖 謄 本（ 年 月 日閉鎖） □ 閉鎖役員欄（ 年 月 日閉鎖） □ その他（ ）	通
⑤概要記録事項証明書 □ 現在事項証明書（動産譲渡登記事項概要ファイル） □ 現在事項証明書（債権譲渡登記事項概要ファイル） □ 閉鎖事項証明書（動産譲渡登記事項概要ファイル） □ 閉鎖事項証明書（債権譲渡登記事項概要ファイル） ※請求された登記記録がない場合には，記録されている事項がない旨の証明書が発行されます。	通

必要な証明書にチェックを入れ、右に必要な部数を記入。

交付通数	交付枚数	手数料	受付・交付年月日

（乙号・6）

用語解説

オンライン申請：手数料はインターネットバンキングで電子納付ができる。ただし、オンラインでの手続きは平日の午前8時30分から午後9時までと日時の制限があるので注意すること。

Do the procedure

☑ 基本知識
☐ 実践
☑ 記入見本

重要な税金関連の届出は期限内に！

税金に関する届出をする

届出期限があるので設立後すぐに行おう

会社の登記が完了したら、各官庁に税金に関わる**届出**をしなくてはいけません。必ず届け出るものから必要に応じて届け出るものまで、さまざまありますので、ここでは重要度の高いものをチェックしていきます。

注意したいのは、届出期限が設けられていることです。違反しても罰則はありませんが、**有利な特例を受けられない場合もあるので、期限は必ず守るようにしましょう。**

経営者として義務づけられている手続きや届出は、すみやかにすませることが大切です。

税金面のメリットがある届出も見逃さないように！

最初に提出するのは**「法人設立届出書」**（➡P142）。会社の設立を税務署や各自治体に知らせるための届出で、必須となっています。

所定の届出用紙に定款のコピーなどを添付し、本店所在地所轄の税務署に提出します。

あわせて提出しなくてはいけないのが**「給与支払事務所等の開設届出書」**（➡P143）。会社が給与を支払う際は、源泉所得税を差し引いて税務署に納付する手続きが必要になります。そうした給与支払事務所になったことを税務署に知らせるための届出です。社長1人の会社でも、会社は社長自身に給与（役員報酬）を支払うことになります。そのため、この届出も必ず出さなくてはいけません。

また、小規模な会社の場合は、源泉徴収の手続きを楽にする**「源泉所得税の納期の特例の承認に関する申請書」**（➡P144）もあわせて提出したほうがよいでしょう。

さらには**税金面のメリットが大きい青色申告制度もあらかじめ届出が必要**です。このように税金面で有利になる制度がいくつかあります。少しでも経営の助けになるよう、必要に応じて届出をしておきましょう。

これらの届出を行うことで、会社を適正に運営できるようになります。

用語解説 **給与支払事務所**：給与支払事務所だった個人事業者を法人化する場合、個人事業としての給与支払事務所をいったん廃業する手続きが必要になる。

会社の税金に関わるおもな届出

会社を設立したら、税金に関する届出を行う。下４つの届出は任意だが、節税につながるものもあるので、必要に応じて届け出よう。

	届出先	届出するとき	届出の期限
必須 法人設立届出書 ➔P142	税務署・都道府県・市区町村	会社を設立したら	設立後、15日～2カ月以内
必須 給与支払事務所等の開設届出書 ➔P143	税務署	給与支払事務所になったら（会社を設立したら）	給与支払事務所の開設後、1カ月以内
源泉所得税の納期の特例の承認に関する申請書 ➔P144	税務署	特例を受けたいなら	任意
青色申告の承認申請書 ➔P145	税務署	青色申告によるメリットを得たいなら	設立後、3カ月以内
消費税課税事業者選択届出書 ➔P146	税務署	２年間の消費税免税期間中でも、消費税の課税事業者になりたいなら	事業年度の開始日の前日まで（設立１期目は事業年度の末日まで）
消費税簡易課税制度選択届出書 ➔P147	税務署	前々期の課税売上高が5,000万円以下で、消費税計算の事務負担を軽減したいなら	事業年度の開始日の前日まで（設立１期目は事業年度の末日まで）

※上記のほか、「棚卸資産の評価方法の届出書」「減価償却資産の償却方法の届出書」などもある。

用語解説 **源泉所得税**：源泉徴収は、給与を受け取る人（従業員）の所得税を会社が代わりに徴収して税務署に納める制度のこと。こうして源泉徴収される所得税を「源泉所得税」と呼ぶ。

書き方

「法人設立届出書」の記入例

必須

目的　会社が設立されたことを税務署・都道府県・市区町村に知らせる。

届出期限　会社設立から2カ月以内。提出場所によって異なるので確認が必要。

届出先　本店所在地を管轄する税務署、都道府県税事務所、市区町村役場。

添付書類　①定款の写し

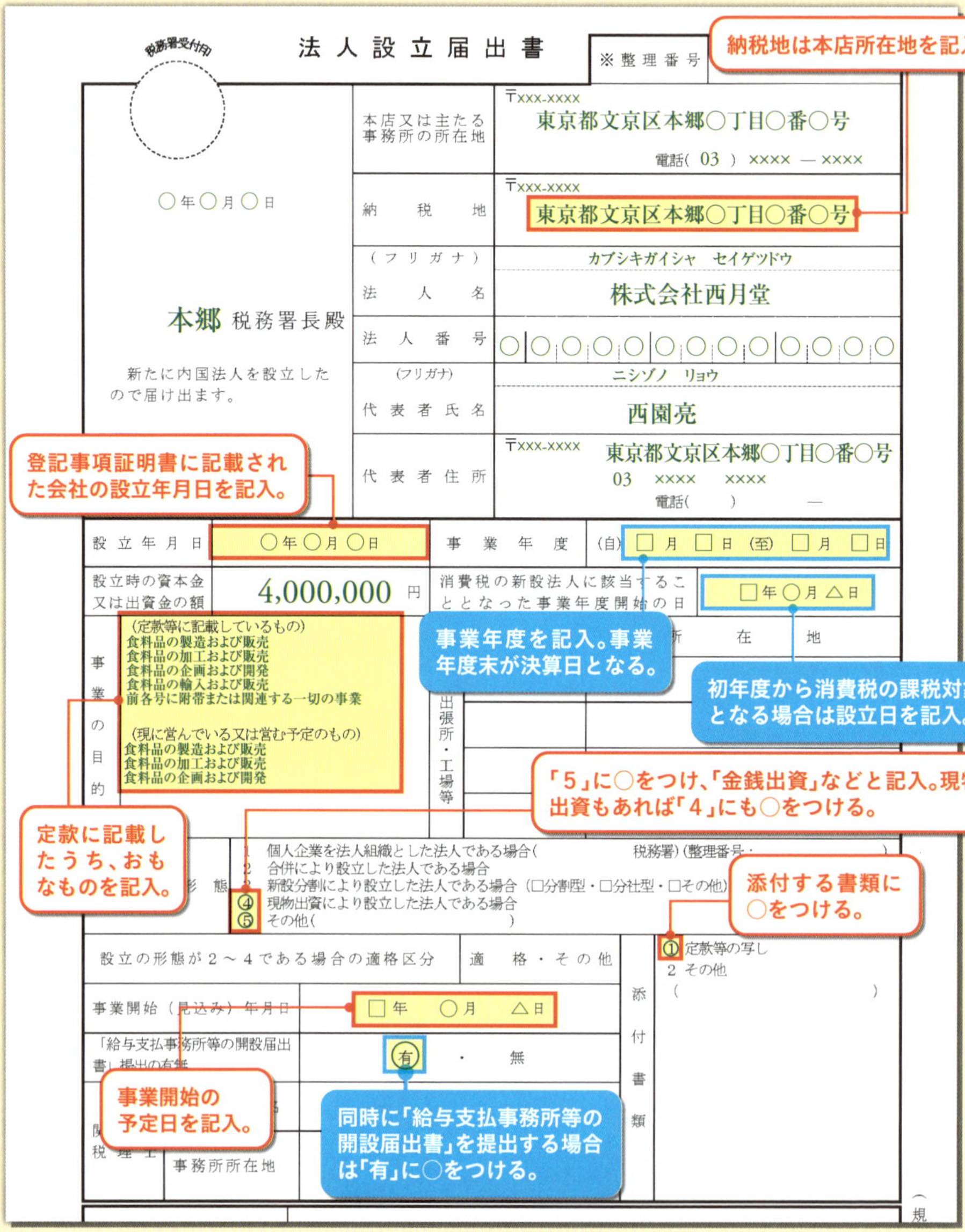

法人設立届出書

税務署受付印

※整理番号

○年○月○日	本店又は主たる事務所の所在地	〒xxx-xxxx 東京都文京区本郷○丁目○番○号 電話(03) xxxx — xxxx
	納税地	〒xxx-xxxx 東京都文京区本郷○丁目○番○号
	(フリガナ)	カブシキガイシャ　セイゲツドウ
	法人名	株式会社西月堂
本郷 税務署長殿	法人番号	○○○○○○○○○○○○○
新たに内国法人を設立したので届け出ます。	(フリガナ)	ニシゾノ　リョウ
	代表者氏名	西園亮
	代表者住所	〒xxx-xxxx 東京都文京区本郷○丁目○番○号 03　xxxx　xxxx 電話(　　)　—

設立年月日	○年○月○日	事業年度	(自) □月 □日 (至) □月 □日
設立時の資本金又は出資金の額	4,000,000 円	消費税の新設法人に該当することとなった事業年度開始の日	□年○月△日

事業の目的
(定款等に記載しているもの)
食料品の製造および販売
食料品の加工および販売
食料品の企画および開発
食料品の輸入および販売
前各号に附帯または関連する一切の事業

(現に営んでいる又は営む予定のもの)
食料品の製造および販売
食料品の加工および販売
食料品の企画および開発

支店・出張所・工場等　所在地

設立の形態
1 個人企業を法人組織とした法人である場合(　　税務署)(整理番号：　　)
2 合併により設立した法人である場合
3 新設分割により設立した法人である場合 (□分割型・□分社型・□その他)
④ 現物出資により設立した法人である場合
⑤ その他(　　)

設立の形態が2～4である場合の適格区分	適格・その他
事業開始(見込み)年月日	□年　○月　△日
「給与支払事務所等の開設届出書」提出の有無	(有)・無
関与税理士　事務所所在地	

添付書類
① 定款等の写し
2 その他
(　　)

(規

書き方

「給与支払事務所等の開設届出書」の記入例

必須

目的 源泉徴収を行う給与支払事務所を開設したことを税務署に知らせる。少なくとも、役員報酬は支払うので届出が不可欠。

届出期限 会社設立から1カ月以内。

届出先 納税地（本店所在地）を管轄する税務署。

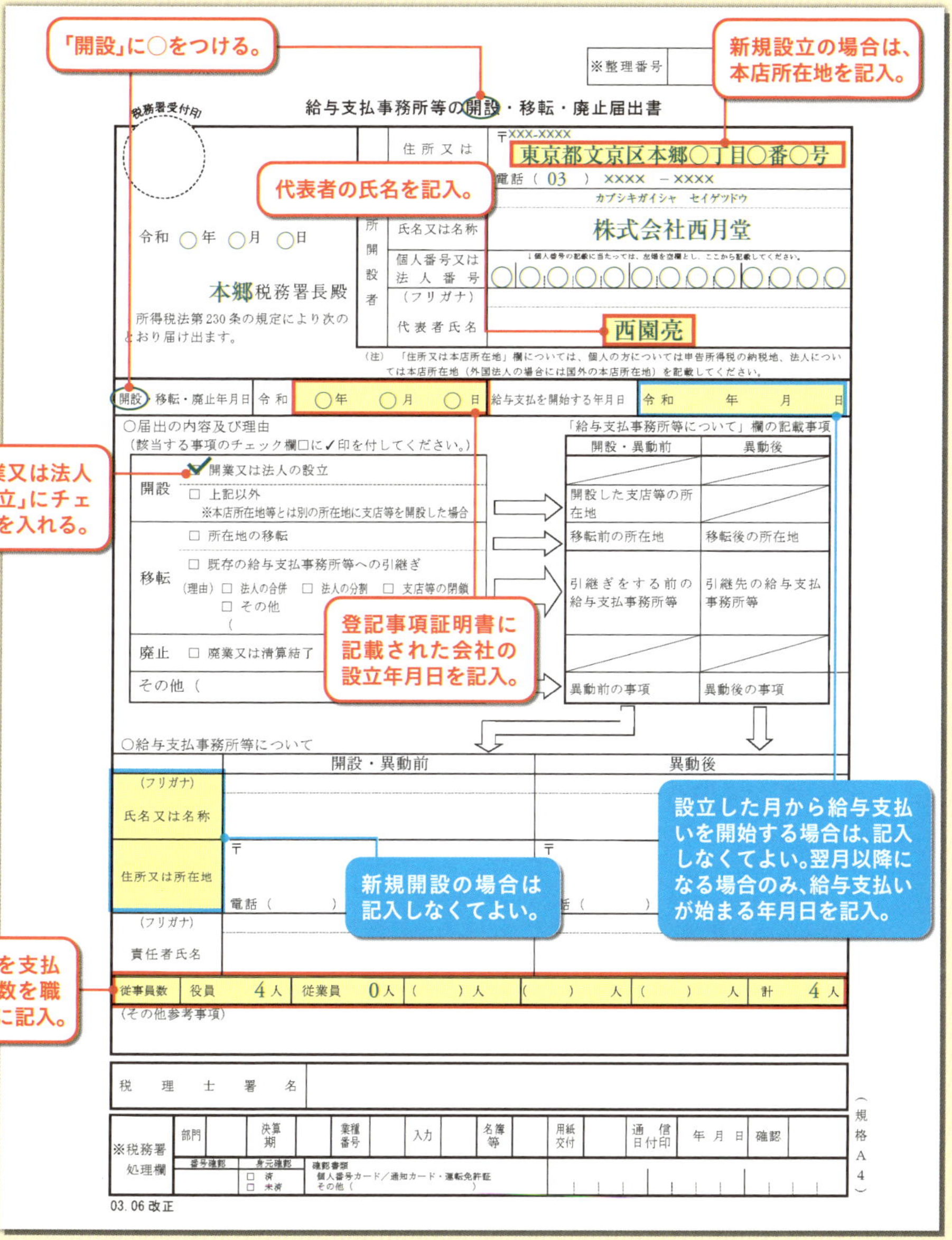

※整理番号

給与支払事務所等の開設・移転・廃止届出書

税務署受付印

令和 ○年 ○月 ○日

本郷税務署長殿

所得税法第230条の規定により次のとおり届け出ます。

事務所開設者	
住所又は本店所在地	〒XXX-XXXX 東京都文京区本郷○丁目○番○号 電話（03）XXXX－XXXX
氏名又は名称	株式会社西月堂《カブシキガイシャ　セイゲツドウ》
個人番号又は法人番号	↓個人番号の記載に当たっては、左端を空欄とし、ここから記載してください。 ○○○○○○○○○○○○○
（フリガナ）代表者氏名	西園亮

（注）「住所又は本店所在地」欄については、個人の方については申告所得税の納税地、法人については本店所在地（外国法人の場合には国外の本店所在地）を記載してください。

開設・移転・廃止年月日	令和 ○年 ○月 ○日	給与支払を開始する年月日	令和 年 月 日

○届出の内容及び理由

（該当する事項のチェック欄□に✓印を付してください。）

		「給与支払事務所等について」欄の記載事項 開設・異動前	異動後
開設	✓開業又は法人の設立		
	□上記以外 ※本店所在地等とは別の所在地に支店等を開設した場合	開設した支店等の所在地	
移転	□所在地の移転	移転前の所在地	移転後の所在地
	□既存の給与支払事務所等への引継ぎ （理由）□法人の合併 □法人の分割 □支店等の閉鎖 □その他（ ）	引継ぎをする前の給与支払事務所等	引継先の給与支払事務所等
廃止	□廃業又は清算結了		
その他（ ）		異動前の事項	異動後の事項

○給与支払事務所等について

	開設・異動前	異動後
（フリガナ）氏名又は名称		
住所又は所在地	〒 電話（ ）	〒 電話（ ）
（フリガナ）責任者氏名		

従事員数	役員 4人	従業員 0人	（ ）人	（ ）人	（ ）人	計 4人

（その他参考事項）

税理士署名	

※税務署処理欄	部門		決算期		業種番号		入力		名簿等		用紙交付		通信日付印	年 月 日	確認	
	番号確認	身元確認 □済 □未済	確認書類 個人番号カード／通知カード・運転免許証 その他（ ）													

03.06改正

（規格A4）

書き方

「源泉所得税の納期の特例の承認に関する申請書」の記入例

目的　毎月の源泉所得税の納付を、半年に1回とする特例の承認を求める届出。

届出期限　なし。原則として、提出日の翌月に支払う給与などから適用される。

届出先　納税地（本店所在地）を管轄する税務署。

源泉所得税の納期の特例の承認に関する申請書

> 新規設立の場合は本店所在地を記入。

> 提出期限はとくになく、この届出書を提出した翌月から適用を受けられる。

税務署

	※整理番号	
○年　○月　○日	所又は店の所在地	〒 xxx-xxxx 東京都文京区本郷○丁目○番○号 電話　03 －xxxx　－xxxx
	（フリガナ） 氏名又は名称	カブシキガイシャ　セイゲツドウ 株式会社西月堂
	法人番号	※個人の方は個人番号の記載は不要です。 ○○○○○○○○○○○○○
本郷　税務署長殿	（フリガナ） 代表者氏名	ニシゾノ　リョウ 西園亮

次の給与支払事務所等につき、所得税法第 216 条の規定による源泉所得税の納期の特例についての承認を申請します。

> 新規法人の場合はこのように記入するか、空欄のままでもOK。すでに支払いがあれば、その人数と所定の金額を記入。

給与支払事務所等に関する事項				
	給与支払事務所等の所在地 ※　申請者の住所（居所）又は本店（主たる事務所）の所在地と給与支払事務所等の所在地とが異なる場合に記載してください。	〒 電話　－　－		
	申請の日前6か月間の各月末の給与の支払を受ける者の人員及び各月の支給金額 〔外書は、臨時雇用者に係るもの〕	月区分	支給人員	支給額
		年　月	外　0 0人	新規法人のため、支給実績なし　円
		年　月	外 人	外 円
		年　月	外 人	外 円
		年　月	外 人	外 円
		年　月	外 人	外 円
		年　月	外 人	外 円
	1　現に国税の滞納があり又は最近において著しい納付遅延の事実がある場合で、それがやむを得ない理由によるものであるときは、その理由の詳細 2　申請の日前1年以内に納期の特例の承認を取り消されたことがある場合には、その年月日			

税理士署名	

※税務署処理欄	部門		決算期		業種番号		番号		入力		名簿		通信日付印	年　月　日	確認

03.06 改正

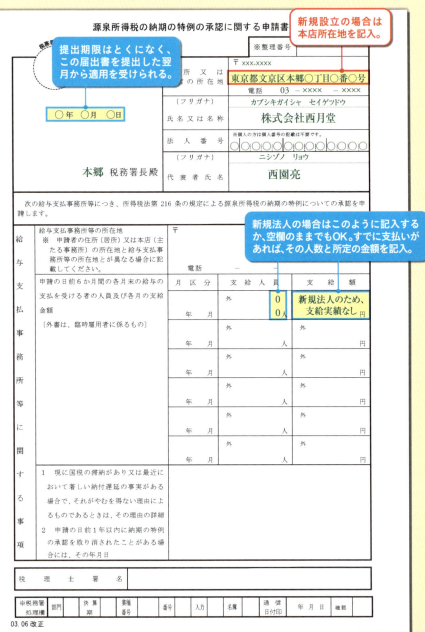

書き方

「青色申告の承認申請書」の記入例

目的　青色申告（➡P212）の適用のための承認を申請する。

届出期限　会社設立から３カ月以内（３カ月以内に最初の事業年度が終了する場合はその終了前日まで）。

届出先　納税地（本店所在地）を管轄する税務署。

青色申告の承認申請書

税務署受付印　　※整理番号

○年○月○日

納税地	〒XXX-XXXX 東京都文京区本郷○丁目○番○号 電話（03）XXXX－XXXX
（フリガナ）	カブシキガイシャ　セイゲツドウ
法人名等	株式会社西月堂
法人番号	○○○○○○○○○○○○○
（フリガナ）	ニシゾノ　リョウ
代表者氏名	西園亮
代表者住所	〒XXX-XXXX 東京都文京区本郷○丁目○番○号
事業種目	業
資本金又は出資金額	円

本郷 税務署長殿

自　○年○月○日
至　○年○月○日
事業年度から法人税の申告書を青色申告書によって提出したいので申

記

1　次に該当するときには、それぞれ□にレ印を付すとともに該当の年月日等を記載してください。

□　青色申告書の提出の承認を取り消され、又は青色申告書による申告書の提出をやめる旨の届出書を提出した後に再び青色申告書の提出の承認を申請する場合には、その取消しの通知を受けた日又は取りやめの届出書を提出した日　　年　月　日

☑　この申請後、青色申告書を最初に提出しようとする事業年度が設立第一期等に該当する場合には、内国法人である普通法人若しくは協同組合等にあってはその設立の日、内国法人である公益法人等若しくは人格のない社団等にあっては新たに収益事業を開始した日又は公益法人等（収益事業を行っていないものに限ります。）に該当していた普通法人若しくは協同組合等にあっては当該普通法人若しくは協同組合等に該当することとなった日　○年○月○日

□　所得税法等の一部を改正する法律（令和２年法律第８号）（以下「令和２年改正法」といいます。）による改正前の法人税法（以下「令和２年旧法人税法」といいます。）第４条の５第１項（連結納税の承認の取消し）の規定により連結納税の承認を取り消された後に青色申告書の提出の承認を申請する場合には、その取り消された日　　年　月　日

□　令和２年旧法人税法第４条の５第２項各号の規定により連結納税の承認を取り消された場合には、同項各号のうち、取消しの基因となった事実に該当する号及びその事実が生じた日
令和２年旧法人税法第４条の５第２項第　号
年　月　日

□　連結納税の取りやめの承認を受けた日を含む連結親法人事業年度の翌事業年度に青色申告書の提出をしようとする場合には、その承認を受けた日　　年　月　日

□　令和２年改正法附則第29条第２項の規定による届出書を提出した日を含む最終の連結事業年度の翌事業年度に青色申告書の提出をしようとする場合には、その届出書を提出した日　　年　月　日

2　参考事項
(1)　帳簿組織の状況

伝票又は帳簿名	左の帳簿の形態	記帳の時期	伝票又は帳簿名	左の帳簿の形態	記帳の時期

(2)　特別な記帳方法の採用の有無
イ　伝票会計採用
㋺　電子計算機利用
(3)　税理士が関与している場合におけるその関与度合

税理士署名	

※税務署処理欄	部門		決算期		業種番号		番号		入力		備考		通信日付印	年　月　日	確認

04.03 改正

（規格Ａ４）

納税地は本店所在地を記入。

会社設立から３カ月以内か、最初の事業年度が会社設立３カ月以内に終了する場合はその終了前日のうち、早いほうの日付を超えないように記入。

第1期の期間（設立日から決算日まで）を記入。

ここにチェックを入れる。

備えつける帳簿の種類を記入。会計ソフトを使用する場合は、その名称を「帳簿の形態」の欄に記入。

書き方

「消費税課税事業者選択届出書」の記入例

目的　消費税の課税事業者となることを選択するため。

届出期限　会社設立から第1期（初年度の決算期）の終了日まで。

届出先　納税地（本店所在地）を管轄する税務署。

第１号様式

消費税課税事業者選択届出書

納税地は本店所在地を記入。

収受印

○年　○月　○日

届出者	（フリガナ） 納税地	（〒 xxx － xxxx ） 東京都文京区本郷○丁目○番○号 （電話番号　03 － xxxx － xxxx ）
	（フリガナ） 住所又は居所 （法人の場合）本店又は主たる事務所の所在地	（〒　－　） 同上 （電話番号　－　－　）
	（フリガナ） 名称（屋号）	カブシキガイシャ　セイゲツドウ 株式会社西月堂
	個人番号又は法人番号	↓ 個人番号の記載に当たっては、左端を空欄とし、ここから記載してください。 ○○○○○○○○○○○○○
	（フリガナ） 氏名 （法人の場合）代表者氏名	ニシゾノ　リョウ 西園亮
	（フリガナ） （法人の場合）代表者住所	東京都文京区本郷○丁目○番○号 （電話番号　03 － xxxx － xxxx ）

本郷　税務署長殿

設立年月日とその事業年度末の日付を記入。

下記のとおり、納税義務の免除の規定の適用を受けないことについて、消費税法第９条第４項の規定により届出します。

適用開始課税期間	自 ○ □年　□月　□日	至 ○ △年　△月　△日

上記期間の基準期間	自○　年　月　日 至○　年　月　日	左記期間の総売上高	円
		左記期間の課税売上高	円

空欄でOK。

事業内容等	生年月日（個人）又は設立年月日（法人）	1明治・2大正・3昭和・4平成・5令和（5に✓） ○年　○月　○日	法人のみ記載	事業年度	自 □月 □日　至 △月 △日
				資本金	400万円
	事業内容	食料品の製造および販売など	届出区分		事業開始・設立（✓）・相続・合併・分割・特別会計・その他

参考事項		税理士署名	（電話番号　－　－　）

※税務署処理欄	整理番号		部門番号				
	届出年月日	年　月　日	入力処理	年　月　日	台帳整理	年　月　日	
	通信日付印 年　月　日	確認	番号確認	身元確認 □ 済 □ 未済	確認書類	個人番号カード／通知カード・運転免許証 その他（　）	

注意　１．裏面の記載要領等に留意の上、記載してください。
　　　２．税務署処理欄は、記載しないでください。

書き方

「消費税簡易課税制度選択届出書」の記入例

目的 消費税の簡易課税方式（売上のみを基準に消費税を算出するもの）を選択するため（➡P218）。課税売上高5,000万円以下の中小企業が対象で、消費税の事務処理を軽減できる。

届出期限 会社設立から第１期（初年度の決算期）の終了日まで。

届出先 納税地（本店所在地）を管轄する税務署。

第９号様式

消費税簡易課税制度選択届出書

収受印

○年○月○日

本郷 税務署長殿

届出者
- （フリガナ）
- 納税地：（〒xxx − xxxx）東京都文京区本郷○丁目○番○号（電話番号 03 −xxxx −xxxx）
- （フリガナ）カブシキガイシャ セイゲツドウ ニシゾノ リョウ
- 氏名又は名称及び代表者氏名：株式会社西月堂 西園亮
- 法人番号：※個人の方は個人番号の記載は不要です。 ○|○○○○|○○○○|○○○○

下記のとおり、消費税法第37条第１項に規定する簡易課税制度の適用を受けたいので、届出します。

（□ 所得税法等の一部を改正する法律（平成28年法律第15号）附則第51条の２第６項の規定又は消費税法施行令等の一部を改正する政令（平成30年政令第135号）附則第18条の規定により消費税法第37条第１項に規定する簡易課税制度の適用を受けたいので、届出します。）

① 適用開始課税期間	自 ○年 ○月 ○日	至 ○年 ○月 ○日
② ①の基準期間	自 年 月 日	至 年 月 日
③ ②の課税売上高	新設のため準備期間無し 円	
事業内容等	（事業の内容）食料品の製造および販売など	（事業区分）第 三 種事業

提出要件の確認

次のイ、ロ又はハの場合に該当する（「はい」の場合のみ、イ、ロ又はハの項目を記載してください。） はい □ いいえ ☑

イ 消費税法第９条第４項の規定により課税事業者を選択している場合
- 課税事業者となった日 年 月 日
- 課税事業者となった日から２年を経過する日までの間に開始した各課税期間中に調整対象固定資産の課税仕入れ等を行っていない はい □

消費税法第12条の２第１項に規定する「新設法人」又は同法第12条の３第１項に規定する「特定新規設立法人」に該当する（該当していた）場合
- 設立年月日 年 月 日
- 基準期間がない事業年度に含まれる各課税期間中に調整対象固定資産の課税仕入れ等を行っていない はい □

ハ 消費税法第12条の４第１項に規定する「高額特定資産の仕入れ等」を行っている場合（同条第２項の規定の適用を受ける場合）

（仕入れ等を行った資産が高額特定資産に該当する場合はＡの欄を、自己建設高額特定資産に該当する場合は、Ｂの欄をそれぞれ記載してください。）

Ａ
- 仕入れ等を行った課税期間の初日 年 月 日
- この届出による①の「適用開始課税期間」は、高額特定資産の仕入れ等を行った課税期間の初日から、同日以後３年を経過する日の属する課税期間までの各課税期間に該当しない はい □

Ｂ
- 仕入れ等を行った課税期間の初日 年 月 日
- 建設等が完了した課税期間の初日
- この届出による①の「適用開始課税期間」は
産の建設等に要した仕入れ等に係る支払対価
円以上となった課税期間の初日から、自己建
等が完了した課税期間の初日以後３年を経過
間までの各課税期間に該当しない

※ 消費税法第12条の４第２項の規定による場合は、ハの項目を次のとおり記載してください。
1 「自己建設高額特定資産」を「調整対象自己建設高額資産」と読み替える。
2 「仕入れ等を行った」は、「消費税法第36条第１項又は第３項の規定の適用を受けた」と、「自己建設高額特定資産の建設等に要した仕入れ等に係る支払対価の額の累計額が１千万円以上となった」は、「調整対象自己建設高額資産について消費税法第36条第１項又は第３項の規定の適用を受けた」と読み替える。

※ この届出書を提出した課税期間が、上記イ、ロ又はハに記載の各課税期間である場合、この届出書提出後、届出を行った課税期間中に調整対象固定資産の課税仕入れ等又は高額特定資産の仕入れ等を行うと、原則としてこの届出書の提出はなかったものとみなされます。詳しくは、裏面をご確認ください。

参考事項

税理士署名 （電話番号 − − ）

※税務署処理欄					
整理番号		部門番号			
届出年月日 年 月 日		入力処理 年 月 日		台帳整理 年 月 日	
通信日付印	確認	番号確認			

納税地は本店所在地を記入。

適用を受ける期間を記入。ここでは設立年月日とその事業年度末の日付を記入。これによって初年度と翌年度の２年間、簡易課税制度が適用される。

事業内容と事業区分を記入。

ケーススタディ4

登記申請の書類に不備があった…

［ 審査に通らない理由と補正のポイント ］

原因 ささいな間違いでも審査に引っかかる！

登記申請は、慣れない書類作成の連続です。住所や日付などの記入項目が多いうえ、複数の印鑑を使い分ける必要があります。ただでさえ起業準備で忙しい中、見たこともないたくさんの書類を正しくつくるのは、素人には大変です。Dさんのように**「印鑑の押し忘れがあった」「代表者の氏名、住所を書くべき欄に会社名と会社の住所を書いてしまった」など、何らかの不備があって審査に通らないことはよくあります。**

審査が終わってとくに何の連絡もなく、登記が完了する日＝補正日を過ぎれば無事に登記が完了したことになります。しかし、書類に不備があると、登記所から電話があり、補正を求められます。Dさんは無事に補正をすませられるでしょうか。

基本的な補正のやり方

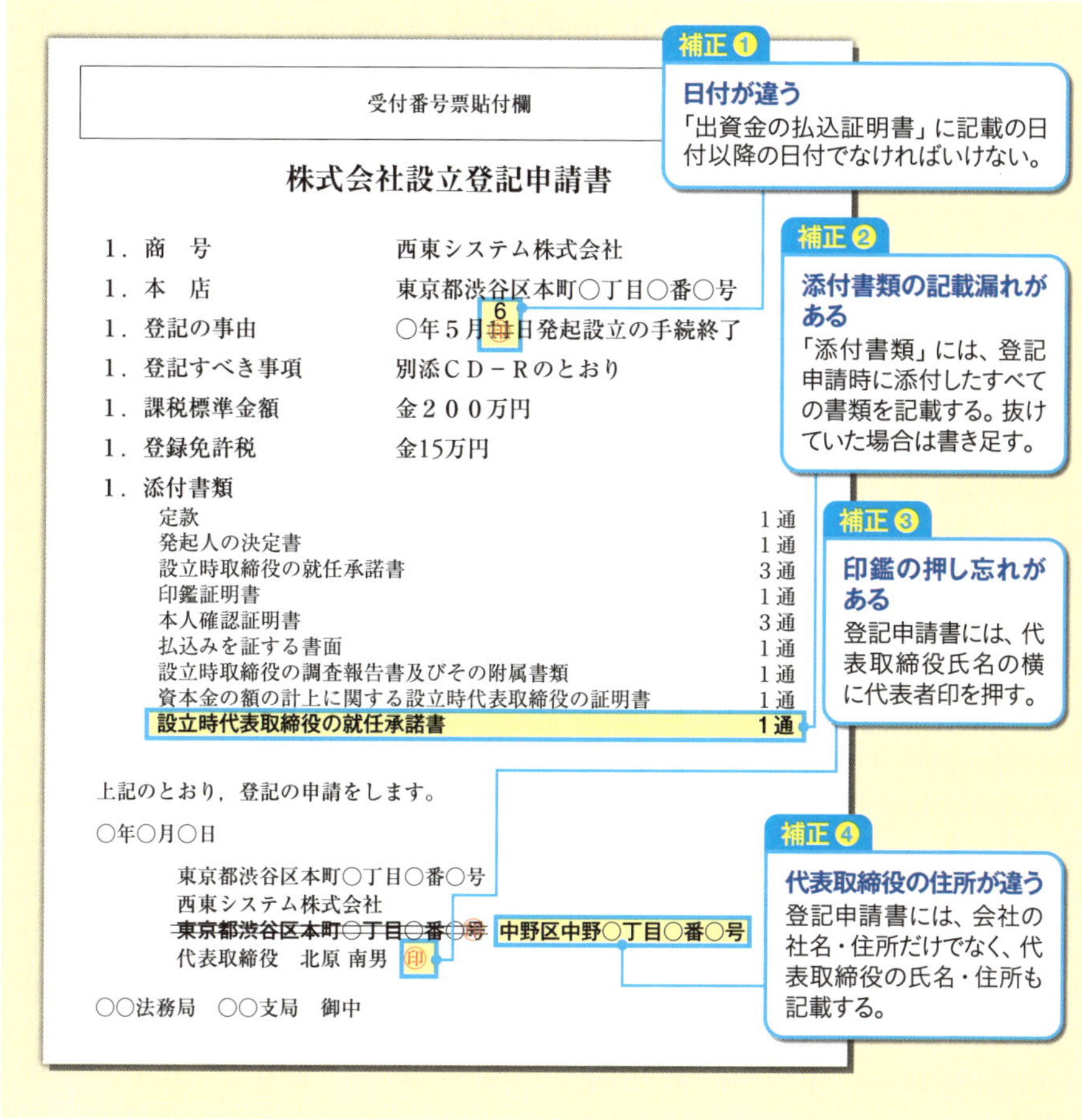

対策 すぐに修正するか いったん取り下げるか

補正の方法はさまざまです。たとえば、Dさんのケースであれば、「印鑑を押す」「提出した書面を修正する」など、書類の訂正ですぐに解決できます。この場合の解決方法は、**法務局に出向いて修正を行うか、不備のある書類をつくり直して再提出（差替）するかの2通り。**

また、出資の履行《りこう》に問題があった場合などは、手続きはかなり前にさかのぼってやり直さなくてはいけません。その場合、いったん取下書《とりさげしょ》を提出して申請を取り下げ、後日、申請書を再提出することになります。

なお、収入印紙は税務署から現金で還付《かんぷ》されますが、その手続きには数週間が必要になります。すぐに登記をやり直したい場合は、収入印紙の再使用証明を利用しましょう。

COLUMN 4

「電子定款って本当に便利なの？」

電子定款とは、PDF形式で作成した定款のことです。公証役場にこのPDF形式の定款を送信し、認証を受けることができます。

電子定款の最大のメリットは、紙の定款に必要な収入印紙4万円分を節約できることです。ただし、電子定款で認証を行うには、別の費用や手間がかかります。

まず、PDF形式の定款をつくるために、法務省が指定する有料のパソコン用ソフトウェアの購入が必要です。次に市区町村で住基カードを取得し、電子証明書の情報を取得。さらに法務省のウェブサイト「登記ねっと」からPDF署名プラグインと申請用総合ソフトをダウンロードしてパソコンにインストールしておきます。

これらの準備がすんだら、市区町村指定のICカードリーダーを購入して住基カードをパソコンに接続し、前述の各ソフトと住基カード上のデータを使ってPDF形式の定款を作成します。そして、申請用総合ソフトを使って公証役場にPDF形式の定款を送信します。その後、公証役場でプリントアウトと認証済みの定款データを受け取れば終了です。

このように自分で電子定款の認証を行うと、節約できると思った4万円が有償ソフト代や手続きの手数料で相殺《そうさい》されます。4万円以下の金額で代行してくれる行政書士も多いので、専門家に頼むのが現実的でしょう。

第5章

従業員を雇う

事業によっては、新たに従業員を雇うこともあります。
その場合、法律に則った適正な労務管理が重要です。
そこで第5章では、雇用の全体像から勤怠管理、
社会保険に関する基本と実務について解説します。

西日堂
パート・アルバイト募集！
先輩～
あら いらっしゃい どうしたの？
どうしたのって…従業員の面接が入ってるから来いって言ったの先輩じゃないですか
てゆーか僕の会社じゃないのに…
経験よ！経験！
そうだっけ…？バタバタしていてすっかり忘れてたわ…まあせっかくだから同席しなさいよ！
ガチャ
ちとせ 面接の方いらしたわよ
はーい

って…なんでまた
あんたがいるのよ!?
あら あら…
お待たせしました
さあ面接を始めてください
練習が必要
でしょう
私がその相手に
なりますから
フフーン
頼んでないわよ!!
まぁ まぁ
な…なぜ
ウチで働きたいと
思ったんですか?

ドーン
ここの和菓子を大変気に入っているからです
それはどうも…
とくにあの「アレルギー対策和菓子」は
とてもすばらしい…
えっ…?
外の張り紙には「条件等詳しくは面接にて」とありましたが
条件を聞かせてもらいましょうか
えっと…今はネット注文担当のスタッフを募集中で
時給９５０円くらいで…あとはおいおい決めて…
お前そんなアバウトな…
やれやれそんなことではまったく話になりませんね

くっ…何よ…
労務管理をおろそかにして会社の成長など
あり得ません!!
人を雇用するためには数々の法律に基づく
さまざまなルールを守らねばなりません
労働基準法
労働契約や賃金、労働時間、休憩・休暇など、労働条件に関する最低基準を定めた法律。
雇用対策法
募集・採用における年齢制限の禁止などを定めた法律。
男女雇用機会均等法
募集・採用における性別による差別の禁止などを定めた法律。
さらに社会保険や労働保険へ加入させる必要も出てきます
はっ
メモメモ

ポイント

労務管理の流れ

❶労働条件を決める
賃金、労働時間、休憩、休日・休暇などを決める。
➡P164

❷募集・面接
年齢制限や性別による差別などをしてはいけない。
➡P162

❸採用・労働契約
労働条件を書面で提示し、労働契約を結ぶ。
➡P166

❹社会保険関係の届出
従業員を社会保険・労働保険に加入させるための届出を行う。
➡P170～181

❺勤怠管理
出勤簿などで勤務時間などを管理する。
➡P162

❻給与・賞与等の支払い
毎月給与計算を行い、税金や保険料を天引きし、支給する。
➡P168

会社のどんな目的を
達成するために
どのような力を持った
人材を雇い入れようと
しているのか…
それが正社員なのか
パート・アルバイトなのか
月給や時給はいくらにするのか
具体的に決めていましたか？
会社の成長のために
新しい人材を
雇い入れるのです
なんとなく人手が
足りないからでは
うまくいきませんよ！
……
会社として
コストをかけて
人様を雇う以上
責任を持って
望まないといけないな
くやしいけど
こっちが甘かったわ…

うーん
僕は社員を増やしたら
その労務管理をやる
余裕があるかなぁ…
そうなったら
経理担当者を雇うとか
税理士や社会保険労務士などに
給与計算業務や保険業務などを
委託するケースもよくあります
ウチの会社も請け負ってますよ
いっそ専門家に任せた
ほうが安心かも
しれないですね
あとは社会保険と
労働保険の
完備も欠かせません
西月堂

社会保険は健康保険と
厚生年金のことね
それはわかるわ!
西月堂

ポイント

社会保険の種類

社会保険（原則すべての会社が加入の対象）

健康保険

従業員やその家族が仕事以外の原因でケガをしたり、病気をしたりしたときに医療給付を行うもの。

厚生年金

従業員が一定の年齢になったとき、ケガや病気で働けなくなったり、死亡したりしたときに年金給付を行うもの。

ポイント
労働保険の種類
労働保険
（従業員が1人でもいたら加入の対象）
雇用保険
従業員が失業したりしたときに給付金を支給したり、再就職支援をしたりするもの。
失業した…
労災保険
従業員が仕事中などに事故や災害にあって、怪我や病気をしたり、死亡したりしたときに給付金を支給するもの。
労働保険は雇用保険と労災保険のことですね

労災保険は従業員を1人でも雇い入れたら
加入する必要があります

一方 雇用保険の加入要件は
正社員か雇用期間が31日以上で週20時間以上働くパート・アルバイトとなっています

じゃあ就業時間が週20時間未満の
パート・アルバイトは雇用保険に加入させなくてもいいの?
まあそうですができる限り加入させたほうがいいでしょうね
従業員に安心して働いてもらうために欠かせないものだからですね
登記も完了したから本格スタートするために
早く従業員も雇わなきゃってあせっていたけど
う〜ん
まだまだやることがあったわね〜
がんばりましょう!
RRR

おっと電話だ
失礼…
どうぞぉ
はい安倍川です
えっ
はい…発作ですか?!
すぐ病院へ…
では今日はこれで!
ありがとうございました!
また来る気なの!?
何かあったのでしょうか…
すんごくトイレに行きたかったとか!?
適当すぎますよっ!

従業員を雇用する

募集・採用・管理に関わるルールを知ろう！

大切な人材を正しく選んでしっかりマネジメント！

会社として人を雇用するときには、数々の法律に基づくルールを守らなくてはいけません。

たとえば、募集時には、**雇用対策法で年齢制限の禁止**などが、**男女雇用機会均等法では性別による差別の禁止**などがそれぞれ定められています。

また、採用が決まれば、**労働基準法に基づいて労働契約を結ぶこと**、**社会保険や労働保険に加入すること**などの義務が生まれます。

さらに従業員に仕事をしてもらうときには、労働基準法に基づき、**労働者名簿、賃金台帳、出勤簿の3つの帳簿をつくって管理**する必要があります。これらは労務管理の**法定三帳簿**とも呼ばれます。労務管理とは、会社が従業員の募集・採用、配属や教育、昇進・昇給、賃金・労働時間の管理などを行うことです。

安全で公平な労働環境を保てるように、**始業・終業時間や賃金などの決まりごとをつくっておくべき**でしょう。場合によっては、就業規則（➡P164）の作成が必要になります。

人材の採用を行う際はこのような法律上のルールも把握して、綿密な計画を立てることが大切です。

左図を参考に、労務管理の手間やコストを考慮して、自社に合った雇用計画を立てましょう。

経営アドバイス　労務管理の法定三帳簿とは？

労務管理の法定三帳簿とは、下の3つの帳簿のこと。これらは社会保険加入の際に提出が必要。3年間保管が義務づけられています。

労働者名簿　労働者全員の住所・氏名・従事する業務の種類・雇用した年月日などを記録して保管するもの。

賃金台帳　氏名・性別に加え、労働日数・時間数と基本給・手当などについて、給与を支払うたびに記録するもの。

出勤簿　氏名・出勤日・出退勤時刻・休憩時間を記録し、労働時間の管理をするためのもの。

用語解説　**雇用対策法**：募集・採用時に、年齢制限を設けることを禁止する法律。労働者を募集・採用する際、年齢に関わりなく、均等な機会を与えなくてはいけない。

雇用の流れとポイント

基本的に採用活動には費用や時間がかかる。小さな会社の場合、それらのコストや手間を甘く見ることはできない。ポイントを押さえて、しっかり計画を立てて臨もう。

1 雇うべきかどうかを検討する

POINT!
- 小さな会社は人材の質が業績に大きく影響する。
- 雇用すると固定費（給与等）が増える。
- いったん採用したら簡単には解雇できない。

2 雇用条件を決める

雇用形態　労働時間　給与　休暇
社会保険　福利厚生　など…

3 募集・採用を行う

求人雑誌・フリーペーパー

エリアを絞った求人ができる。通勤の利便性を重視するパート・アルバイト向き。

求人サイト

全国に幅広く募集できる。近年はウェブサイトでの就職・転職活動が主流になっている。

ハローワーク

無料で利用でき、行政運営の安心感がある。ほかの媒体に比べ、高齢者の利用が多い傾向にある。

4 労働契約を結ぶ ➔P166

5 保険関係の届出を行う

健康保険・厚生年金 ➔P170　労災保険・雇用保険 ➔P176

用語解説 **男女雇用機会均等法**：募集・採用時に、性別による差別を行うことを禁止する法律。事業者は労働者を募集・採用する際、性別に関わりなく均等な機会を与えなくてはいけないと定められている。

雇用の基本ルールを知ろう

法律上の基準を知って、労働者を守れる経営者に！

労働者を守るための労働契約を結ぶ！

雇用を行う際には、法律に基づいて労働条件を決めることが大切です。ここでは、労働条件を決めるときに最低限知っておきたい労働基準法について、見ていきましょう。

募集から面接、採用、その後の労務管理まで、基本的には会社側が主導権を持って進めていきます。このように**会社は従業員に対して大きな力を持つため、労働契約を結ぶ際には労働者の権利をきちんと守るようにと法律で定められている**のです。

労働基準法では、賃金や労働時間・休日などの最低基準を定めており、基

POINT! 5 割増賃金

時間外労働、休日労働、深夜労働をさせた場合は**割増賃金**を支払わなくてはならない。

POINT! 6 年次有給休暇

雇用日から6カ月間以上続けて勤務し、**全労働日の8割以上**出勤した労働者には所定の年次有給休暇を与える。

POINT! 7 解雇・退職

やむをえず労働者を解雇する場合は、**30日以上前に予告する**か、**解雇予告手当（平均賃金の30日分以上）を支払わなくてはいけない**。

POINT! 8 就業規則

常に10人以上の労働者がいる場合、**就業規則**を作成し、労働者代表の**意見書**を添えて、所轄の労働基準監督署に届け出なくてはいけない。

就業規則は、始業・終業時間、休日・休暇、賃金のルール、退職のルールなどを定めたもの。**常に10人以上の労働者がいる会社**は就業規則を作成し、労働基準監督署に届け出なければいけない。また、就業規則の作成・変更をするときには、労働者代表の意見を必ず聞かなくてはいけない。従業員が10名未満の場合、作成は任意だが、従業員とのトラブル解決にも役立つので余裕があれば作成しておくとよい。

これらの基準に違反していた場合、**「従業員との労使トラブル」「労働基準監督署からの勧告」「罰金・懲役」**などの可能性もある。

用語解説 **最低基準**：違反すると、罰則または行政監督の処分が下される。労働者と使用者が合意のうえで結んだ場合でも最低基準に達しない労働契約は無効とされる。

準を下回る内容の労働契約は無効となります。

労働基準法の決まりを把握しておこう

労働基準法は法定労働時間として、1日の労働時間を原則8時間まで、休日を週1回などと定めています。これを満たさない場合、あらかじめ会社と従業員の間で書面による協定を結び、所轄の労働基準監督署に届出を行う必要があります。この協定は労働基準法第36条に規定されていることから、**「36協定」**と呼ばれています。

また、常に10人以上の従業員を雇う会社は、**就業規則**を作成して所轄の労働基準監督署に届出を行わなければいけません。就業規則とはいわば職場の基本ルール。これを誰もがわかる文書の形にすることで、労働者の権利を守るわけです。

労働基準法のポイント

POINT! 1 労働条件の明示

採用時には労働者に対し、「契約期間」「就業場所」「従事すべき業務」「始業・終業時刻」「賃金の決定方法・支払時期」などの**労働条件を書面で明示**しなくてはいけない。

POINT! 2 賃金

賃金は通貨で**毎月1回以上、一定期日を定めて**労働者に直接支払わなくてはいけない。「通貨払い」「直接払い」「全額払い」「毎月1回払い」「一定期日払い」が原則。

POINT! 3 労働時間

労働時間の上限は基本**1日8時間かつ1週40時間**。上限を超えて労働する場合、あらかじめ「36協定」を結んで届け出なくてはいけない。

POINT! 4 休憩・休日

1日の労働時間が**6時間を超える場合には45分以上、8時間を超える場合には1時間以上**の休憩を労働者に与えなくてはいけない。毎週少なくとも1回の休日を与えなければならない。

用語解説 **労働基準法**：「賃金、就業時間、休息その他の勤労条件に関する基準は、法律でこれを定める」という日本国憲法27条2項の規定に基づく。労働組合法、労働関係調整法とともに「労働三法」をなす。

きちんと法律を守って労働契約を結ぼう！

労働契約を結ぶときのポイント

採用した人ごとに雇用条件を書面で明示！

いざ人材を採用することになったら、1人ずつ**労働条件通知書**を作成し、採用する従業員に明示しなくてはいけません。

具体的な賃金や仕事内容は、従業員ごとに異なるもの。そのため、**各従業員にどんな労働条件で働いてもらうのかを書面で明らかにしておく必要があり、労働条件通知書の作成・明示が義務化されている**わけです。

働き方の多様化によって労働トラブルが増加したことから、2008年には**労働契約法**も施行されました。従業員の権利を侵すような労働契約を結ぶ

書き方

「労働条件通知書」の作成例

労働条件通知書

×年　×月　×日

西東　花子　殿

事業場名称・所在地　東京都文京区本郷○丁目○番地○号
株式会社西月堂
使用者職氏名　代表取締役　西園 亮

契約期間	期間の定めなし、期間の定めあり（×年 ×月 ×日～ ×年 ×月 ×日） 試用期間　×年×月×日～同年×月×日） 以下は、「契約期間」について「期間の定めあり」とした場合に記入 契約の更新の有無 [自動的に更新する・更新する場合があり得る・契約の更新はしない・その他（　　）] 契約の更新は次により判断する。 ・契約期間満了時の業務量　・勤務成績、態度　・能力 ・会社の経営状況　・従事している業務の進捗状況 ・その他（　就業規則第○条による　）
就業の場所	当社内
従事すべき業務の内容	販売業務（詳細は社内業務概要参照）
始業、終業の時刻、休憩時間、就業時転換((1)～(5)のもの一つに○を付けること)、所定時間外労働の有無に関する事項	1　始業・終業の時刻等 (1) 始業（　9時　00分）　終業（　18時　00分） 【以下のような制度が労働者に適用される場合】 (2) 変形労働時間制等；（1カ月）単位の変形労働時間制・交替制として、 うち該当する次の勤務時間の組み合わせによる。 始業（9時00分）　終業（18時00分）　（適用日　　） 始業（12時00分） 終業（21時00分）　（適用日　　） 始業（8時00分）　終業（15時00分）　（適用日　土曜日） (3) フレックスタイム制；始業及び終業の時刻は労働者の決定に委ねる。 （ただし、フレキシブルタイム（始業）　時　分から　時　分、 （終業）　時　分から　時　分、 コアタイム　時　分から　時　分） (4) 事業場外みなし労働時間制；始業（　時　分）終業（　時　分） (5) 裁量労働制；始業（　時　分）終業（　時　分）を基本とし、労働者の決定に委ねる。 ○詳細は、就業規則第○条～第○条、第○条～第○条 2　休憩時間（60）分 3　所定時間外労働の有無（有，無）
休　日	・定例日；毎週日曜日、国民の祝日、その他（当社カレンダーによる） ・非定例日；週・月当たり8日、その他（シフト表による） ・1年単位の変形労働時間制の場合－年間100日 ○詳細は、就業規則第○条～第○条、第○条～第○条
休　暇	1　年次有給休暇　6カ月継続勤務した場合→ 10日 継続勤務6カ月以内の年次有給休暇（有・無） →　3カ月経過で5日（ただし、本人が希望した場合に限る） 時間単位年休（有・無） 2　その他の休暇　有給（健康診断日、夏季休暇） 無給（投票に行った日　　） ○詳細は、就業規則第○条～第○条、第○条～第○条

本書面を従業員に通知した日を記載。

定例日（決まった休日）と非定例日（定例日以外の休日）について記載。

就業時間、休憩時間、残業の有無について記載。交代制や変形労働時間制などの場合も、原則的な始業・終業時間を明記する。

年次有給休暇は継続勤務月数で変化するので、出勤簿等で把握する。

と、これまで以上にきびしく労働基準監督署などから追及されます。

誓約書と、身元保証書の注意点は？

採用時に**誓約書**や**身元保証書**を従業員に書いてもらうこともよくあります。誓約書とは、業務命令や企業秘密など、会社が従業員に守ってもらいたいことをまとめた書面です。

身元保証書は、何らかのトラブルに備えてつくるものです。もし会社が従業員から業務上で損害を与えられ、その賠償請求をしたいとします。このとき、身元保証書を交わしておくことで、従業員自身に支払い能力がなくても、その身元保証人に賠償請求《ばいしょうせいきゅう》できるようになります。ただし、**過度に会社に有利だったり、従業員の権利を侵したりしている場合、裁判で無効とされることもある**ので注意しましょう。

賃　金	1　基本賃金（イ）月給（ 185,000円）、ロ　日給（　　　円） ハ　時間給（　　　円）、 ニ　出来高給（基本単価　　　　円、保障給　　　　円） ホ　その他（　　　　円） ヘ　就業規則に規定されている賃金等級等 2　諸手当の額又は計算方法 イ（通勤手当 4,100円／計算方法：距離に応じて支給。詳細は就業規則第○条　） ロ（職務手当10,000円／計算方法：職務遂行能力に応じて支給。詳細は就業規則第○条） ハ（　手当　　円／計算方法：　　） ニ（　手当　　円／計算方法：　　） 3　所定時間外、休日又は深夜労働に対して支払われる割増賃金率 イ　所定時間外、法定超　月６０時間以内（２５）％ 月６０時間超　（３０）％ 所定超　（２０）％ ロ　休日　法定休日（３５）％、法定外休日（２５）％ ハ　深夜（２５）％ 4　賃金締切日 毎月末日 5　賃金支払日 翌月25日 6　賃金の支払方法（本人が指定する口座に振り込む） 7　労使協定に基づく賃金支払時の控除（無），有（　　）） 8　昇給（時期等 毎年４月 業績等勘案して行う） 9　賞与（（有）（時期、金額等 業績等勘案して年２回（７月・１２月）），　無　） 10　退職金（（有）（時期、金額等 就業規則第○条による），　無　）
退職に関する事項	1　定年制　（（有）（６０歳），　無　） 2　継続雇用制度（（有）（６５歳まで），　無　） 3　自己都合退職の手続（退職する １４日以上前に届け出ること） 4　解雇の事由及び手続 （1.天災その他やむを得ない場合 2.事業縮小等当社の都合 3.職命令に対する重大な違反行為 4.業務上の不正行為、その他就業規則に該当する事由があった場合は、30日前に予告するか予告手当を支払って解雇する。） ○詳細は、就業規則第○条～第○条、第○条～第○条
そ　の　他	・社会保険の加入状況（（厚生年金）（健康保険）その他（　　　）） ・雇用保険の適用（（有），　無　） ・その他（この条件に変更（昇給、配置転換）があった場合は別途会社規定の通知にて書面交付する。） ※以下は、「契約期間」について「期間の定めあり」とした場合についての説明です。 労働契約法第18条の規定により、有期労働契約（平成25年4月1日以降に開始するもの）の契約期間が通算５年を超える場合には、労働契約の期間の末日までに労働者から申込みをすることにより、当該労働契約の期間の末日の翌日から期間の定めのない労働契約に転換されます。ただし、有期雇用特別措置法による特例の対象となる場合は、この「５年」という期間は、本通知書の「契約期間」欄に明示したとおりとなります。

※　以上のほかは、当社就業規則による。
※　労働条件通知書については、労使間の紛争の未然防止のため、保存しておくことをお勧めします。

以上の労働条件について相違のないことについて同意します。

労働者氏名　西東 花子　（西東）

賃金は給与形態に応じてしっかり明記する

基本給以外の手当についても、手当ごとに明記する。

退職に関することは採用時にはっきりと明示することが大事。

雇用条件が変更になったときの措置を記載しておくとよい。

雇用条件を理解し、承認してもらったら、労働者に署名・押印してもらうと、労使トラブルの防止につながる。

※厚生労働省ホームページよりダウンロードできる書式をもとに作成。

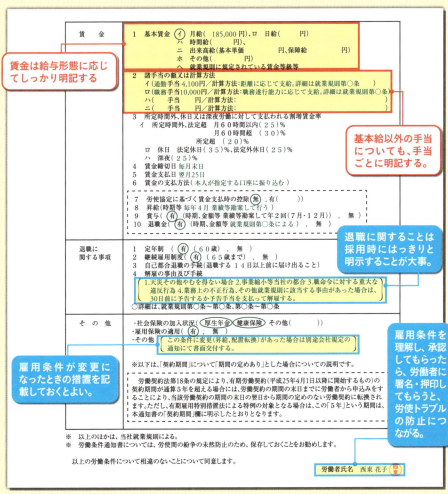

給与の基本を理解しよう

給与体系は？　税金や保険料の天引きは？

税金や保険料の天引き、残業代の計算などが必要！

労務管理において、**給与計算**も大事なポイントです。たとえば、時間外給与（残業代）や歩合給などは毎月金額が変わりますから、出勤簿などを確認したうえで、支払額を計算しなくてはいけません。

また、**従業員の所得税や住民税、社会保険料などを納付するのは会社の役割**です。これらは、従業員の給与から天引きする必要があります。

実際の計算は専門スタッフに任せてもOK！

給与計算の流れ

給与計算の基本的な流れは、次のとおり。自分への役員報酬の支払いについても、基本的に同じ手順となる。

1. タイムカードなどから時間外手当などを算出。
2. 基本給に諸手当や基準外手当をプラスして今月の総支給額を確定。
3. 所定の保険料率から各種社会保険の保険料を算出し、総支給額から差し引く。
4. 「源泉徴収税額表」の税額を適用して、所得税を差し引く。
5. 市区町村からの通知をもとに、地方税（住民税など）を差し引く。
6. 社宅利用料や社内積立金など、従業員との間で取り決めた項目の金額を差し引く。
7. 手取額を確定させる。
8. 振込を行い、給与支払明細書を作成して従業員に渡す。

マメ知識　最低賃金法では、賃金の最低限度を定めている。最低限度を下回る賃金で労働契約を結んでいた場合、双方の合意があっても法律によって無効とされる。

給与のベースとなるのは**基本給**です。年齢、経験、能力などをもとに額面を定めるとよいでしょう。給与を決める際は、都道府県ごとに定められた最低賃金に注意しましょう。

基本給に加え、会社によっては**家族手当、住宅手当、役職手当といった諸手当**をつけることもあります。

このように給与全体のうち、毎月変わらず決まった金額となる部分を**固定的給与**といいます。そして、固定的給与に、**時間外手当や歩合給などの非固定的給与**を加えたのが総支給額です。

給与計算では、最初に総支給額を計算し、そこから各種の税金や社会保険料などを差し引いていきます。同時に**給与明細書**を作成し、振込後に従業員に渡すようにしましょう。

天引きすべき税額や保険料の計算は煩雑《はんざつ》で手間がかかるので、知識を持った経理専任スタッフや税理士などの専門家に任せてもよいでしょう。

給与体系の例

給与体系そのものには、とくに法律上の決まりはない。基本給をベースに、業種や職種、労働条件などに合わせて、諸手当や基準外手当の規定を定めよう。

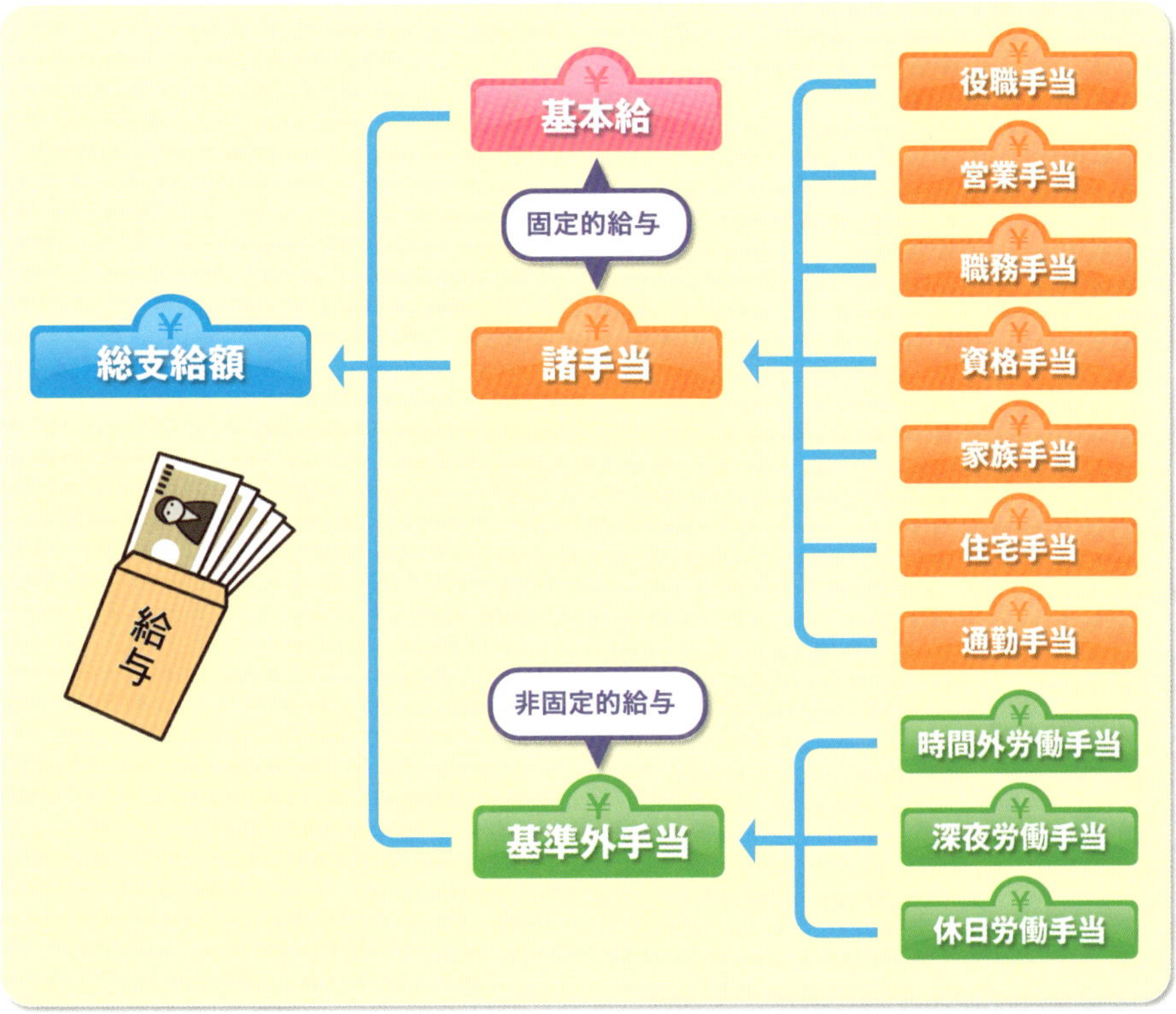

用語解説 **住民税**：収入を得ている人が居住地の市区町村に納める地方税。会社員の場合、会社が給与から天引きして代わりに納める特別徴収が一般的だが、会社員自身が金融機関で直接納付する方法もある。

社会保険の基本的なしくみ

社会保険はおもに健康保険・厚生年金保険の2つ!

社会保険料は従業員と会社で折半して納める

会社を設立すると、**社会保険への加入**が義務づけられます。社長1人の会社でも同様です。

会社に関する**社会保険は健康保険、厚生年金**の2種類。原則として、すべての会社が社会保険に加入します。ですから、登記が完了したら、すぐに社会保険に関わる届出を行うようにしましょう。

社会保険料は、会社と従業員が折半（50％ずつ負担）して納めます。 社会保険と労働保険（➡P176）の保険料を合わせると、会社側は従業員の給与の約15％にあたる額を負担して納付することになります。

そのため、採用時には、この保険料も含めて考える必要があります。

保険料を抑えるか必要経費として計上するか

社会保険は雇用の方法によっては、負担を抑えることもできます。

社会保険の加入義務は、「パートなどの場合、労働時間と労働日数が一般社員のおおむね4分の3以上」の場合に生まれます。つまり、**1人をフルタイムで雇えば加入しなければいけませんが、同じ仕事を2人で半分の時間ずつ行うようにすれば、加入しなくてもよくなる**わけです。

得知識　標準報酬月額と標準賞与額

健康保険と厚生年金の保険料の金額は「標準報酬月額」「標準賞与額」に保険料率をかけて求めたうえで、事業主と被保険者で半分ずつ負担します。標準報酬月額、標準賞与額、保険料率は全国健康保険協会のホームページなどで確認できます。

標準報酬月額　標準報酬月額とは、4～6月の3カ月間の給与の平均額を、国が定めた区分に当てはめたもの。健康保険は50等級、厚生年金は32等級に区分され、それぞれ保険料率が異なる。

標準賞与額　標準賞与額とは、被保険者期間中に実際に支給された賞与額から1,000円未満を切り捨てた額。

用語解説　**社会保険**：広義では雇用保険、労災保険、健康保険、厚生年金保険。一般には雇用保険と労災保険を除いて、介護保険を加えた3つを指す。

社会保険料を納付する流れ

健康保険と厚生年金は、各従業員の保険料を会社と従業員とが折半（50%ずつ負担）して納めるしくみ。保険料の計算や天引き、納付はすべて会社の役目になる。

社会保険の基本と加入要件

社会保険には、おもに健康保険と厚生年金の2つがあり、加入要件は同じなので同時に手続きするとよい。保険料は給与額等に応じて変わる。

健康保険とは

加入者やその家族が仕事以外の原因でケガをしたり、病気をしたりしたときに医療給付を行うもの。

厚生年金とは

加入者が一定の年齢になったとき、障がいをもってしまったとき、死亡したりしたときに年金給付を行うもの。

会社の加入要件

- □ 役員・従業員の数や年齢に関係なく、強制加入。

従業員の加入要件

- □ 会社が社会保険の加入事務所（適用事務所）であること。
- □ 正社員もしくはパート・アルバイトで、おおむね正社員の4分の3以上の労働時間があること。
- □ 雇用時の契約期間が2カ月超であること（日雇い労働者、出稼ぎ労働者、季節労働者などは別途期間が定められている）。

用語解説　**厚生年金**：厚生年金は、会社などに勤務している人が加入する年金。保険料は月ごとの給料に応じて決まるため、納付額は個人で異なる。実際の納付額は給与明細などに記載されている金額の倍額。

社会保険の加入手続きを行う

従業員の加入手続きも会社の仕事！

会社を設立したら新規適用届を提出する

社会保険の加入手続きは、**年金事務所**で行います。**設立した会社が社会保険の加入事務所になったことと、具体的な加入者（被保険者となる人）**を知らせるための手続きです。

ともに所定の届出書類に加え、登記《とうき》簿《ぼ》謄本《とうほん》や従業員名簿など、添付書類が必要になります。

また、**各届出には提出期限があります**ので、遅れないように気をつけましょう。添付書類に不安がある場合や提出期限に間に合いそうにない場合は、事前に届出先の年金事務所に問い合わせて相談しましょう。

社会保険の加入手続きに必要な届出

社会保険に加入するためには、下記の届出を提出する必要がある。

	提出期限	添付書類	目的等
❶ 健康保険・厚生年金保険新規適用届 ➡P173	会社設立から５日以内	□ 登記簿謄本 □ 法人番号指定通知書のコピー ※または国税法人番号公表サイトで確認した法人情報を印刷したもの	設立した会社が新たに社会保険の適用事務所となるため。
❷ 保険料口座振替依頼書			社会保険料の口座振替を行うため。
❸ 健康保険・厚生年金保険被保険者資格取得届 ➡P174	新しい加入者となる従業員を雇ってから５日以内		新たに雇った従業員が健康保険の被保険者となるため。
❹ 健康保険被扶養者（異動）届 ➡P175		□ 戸籍謄(抄)本 □ 住民票の写し（個人番号の記載のないもの）	新たに雇った従業員に被扶養者がいる場合、❸と一緒に提出。

届出先はすべて、本店所在地を管轄する
年金事務所！

※郵送の場合は、本店所在地を管轄する年金事務センターへ。

用語解説　**健康保険被扶養者（異動）届**：被扶養者の年収が130万円を超えた場合も、この届出によって「被扶養者の削除」をしなくてはいけない。

書き方

「健康保険・厚生年金保険新規適用届」の記入例

目的　会社を設立したら、新たに社会保険の適用事務所となるため必ず提出する。

届出期限　加入要件（➡P171）を満たす事実の発生から５日以内。

届出先　本店所在地を管轄する事務センター（年金事務所）。

様式コード 2101

健康保険 厚生年金保険　新規適用届

令和 ○ 年 ○ 月 ○ 日提出

年金事務所や事務センターへの提出日を記入。

受付印

事業主記入欄

- 事業所所在地：〒 ×××－××××　(フリガナ) 東京都文京区本郷《トウキョウト ブンキョウク ホンゴウ》○丁目○番○号
- 事業所名称：(フリガナ) カ　株式会社西月堂《セイゲツドウ》
- 電話番号：03（××××）××××

株式会社は「カ」、有限会社は「ユ」、合名会社は「メ」、合資会社は「シ」、それ以外の法人はその名称を記入。

事業所情報記入欄

- ① 事業主（または代表者）氏名：(フリガナ)(氏) 西園《ニシゾノ》　(名) 亮《リョウ》
- ② 問合せ先担当者名（内線）：問合せ先担当者名 西園千代子　内線番号 ×××
- ③ 事業主（または代表者）住所：〒 ×××－××××　東京都文京区本郷○丁目○番○号
- 「事業主代理人」有の場合
  - ④ 事業主代理人氏名：(フリガナ)(氏)
  - ⑤ 事業主代理人住所：〒　－
- ⑥ 業態区分（事業の種類）：2 1　事業の種類 飲食料品小売業
- ⑦ 適用年月日（※記入不要）：9. 令和　年　月　日
- ⑧ 個人・法人等区分：(1. 法人事業所)　2. 個人事業所　3. 国・地方公共団体
- ⑨ 法人番号等：(1. 法人番号)　2. 会社法人等番号　× × × × × × × × × × × × ×
- ⑩ 本店・支店区分：(1. 本店)　2. 支店
- ⑪ 内・外国区分：(1. 内国法人)　2. 外国法人
- ⑫ 社会保険労務士名：社会保険労務士コード
- ⑬ 健康保険組合名称：(フリガナ)　健康保険組合
- ⑭ 厚生年金基金番号：厚生年金基金
- ⑮ 給与計算の締切日：20 日
- ⑯ 昇給月：04 月　月　月　月
- ⑰ 算定基礎届媒体作成：1. 不要（自社作成）
- ⑱ 給与支払日：当月 (翌月) 25 日
- ⑲ 賞与支払予定月：06 月 12 月　月　月
- ⑳ 賞与支払媒体作成
- ㉑ 給与形態：(1. 月給)　2. 日給　3. 日給月給　4. 歩合給　5. 時間給　6. 年俸制　7. その他（　）
- ㉒ 諸手当の種類：1. 家族手当　2. 住宅手当　3. 役付手当　(4. 通勤手当)　5. 精勤手当　(6. 残業手当)　7. その他（　）
- ㉓ 現物給与の種類：（　）
- ㉔ 従業員情報
  - 1. 従業員数（役員含む）　5 人
  - 2. 社会保険に加入する従業員数　1 人
  - 3. 社会保険に加入しない従業員について
    - ㋐ 役員　4 人［報酬（0. 無 ／ (1. 有)）・常勤（ 4 人）・非常勤（　人）］
    - ㋑ 嘱託職員等　人［1月　日・1週　時間］
    - ㋒ パート　人［1月　日・1週　時間］
    - ㋓ アルバイト　人［1月　日・1週　時間］
  - ※ ㋑～㋓については平均的な勤務日数および勤務時間を記入してください。
- ㉕ 所定労働日数 所定労働時間：1月 20 日・1週 40 時間 00 分
- ㉖ 備考

「事業所業態分類表」で確認して記入。

法人番号と会社法人等番号の両方を持っている場合は、法人番号を記入。

厚生年金基金に加入している場合に記入。

給与の支給形態、給与として支払われる手当について当てはまるものを全部チェックする。

社会保険に加入しない従業員がいる場合、人数と勤務形態などを記入。

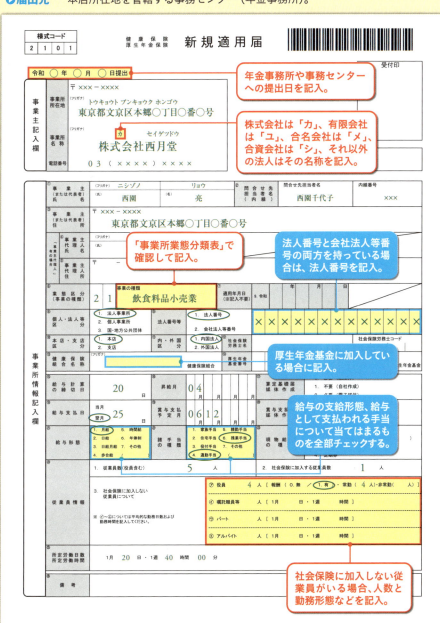

書き方

「健康保険・厚生年金保険被保険者資格取得届」の記入例

目的　加入者となる従業員1人ずつの情報を年金事務所に伝えるためのもの。

届出期限　当該の事実が発生から5日以内。

届出先　本店所在地を管轄する事務センター（年金事務所）。

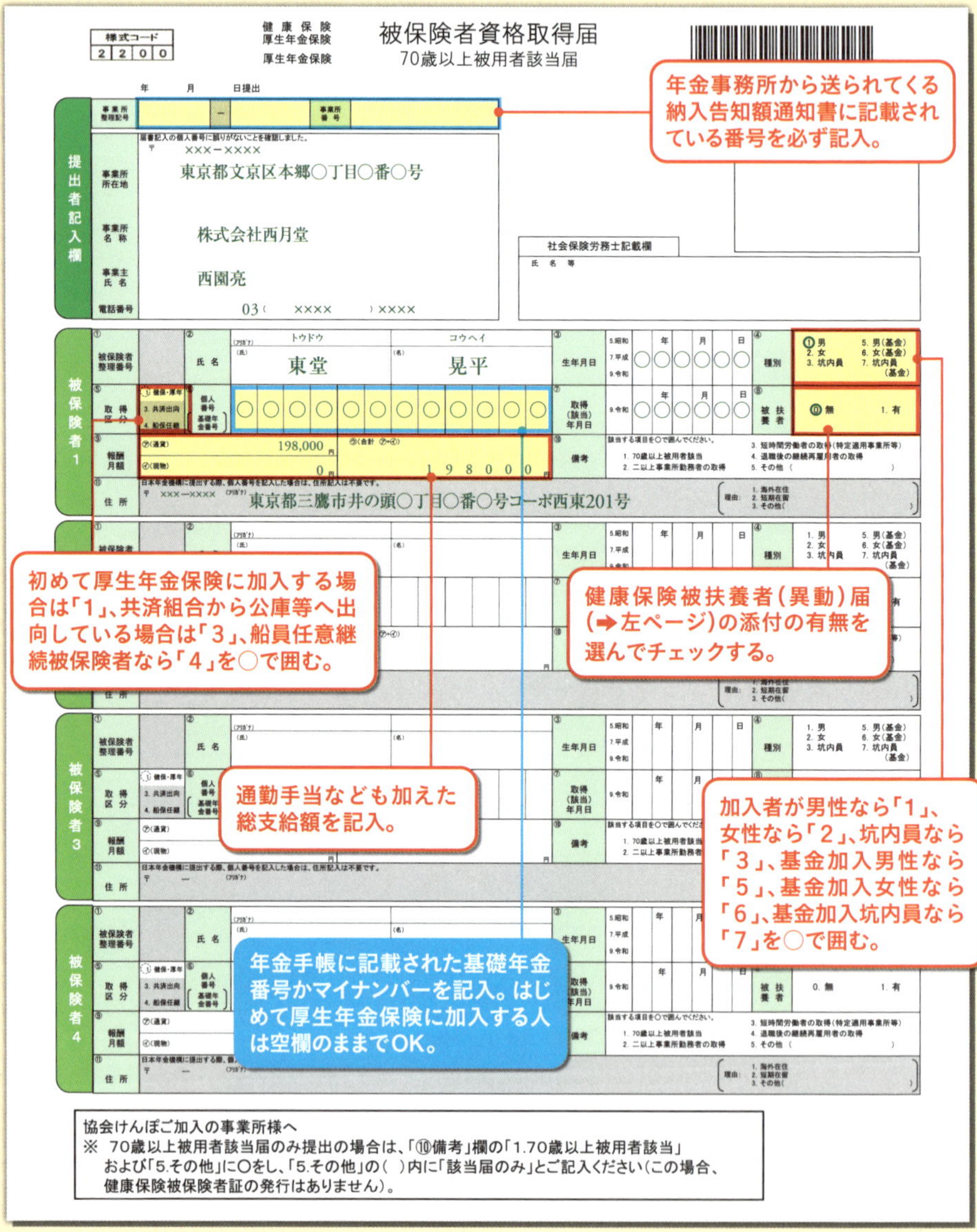

書き方

「健康保険被扶養者（異動）届」の記入例

目的　健康保険の被保険者が新たに被扶養者を追加したり、削除したりするためのもの。

届出期限　当該の事実が発生してから５日以内。

届出先　本店所在地を管轄する事務センター（年金事務所）。

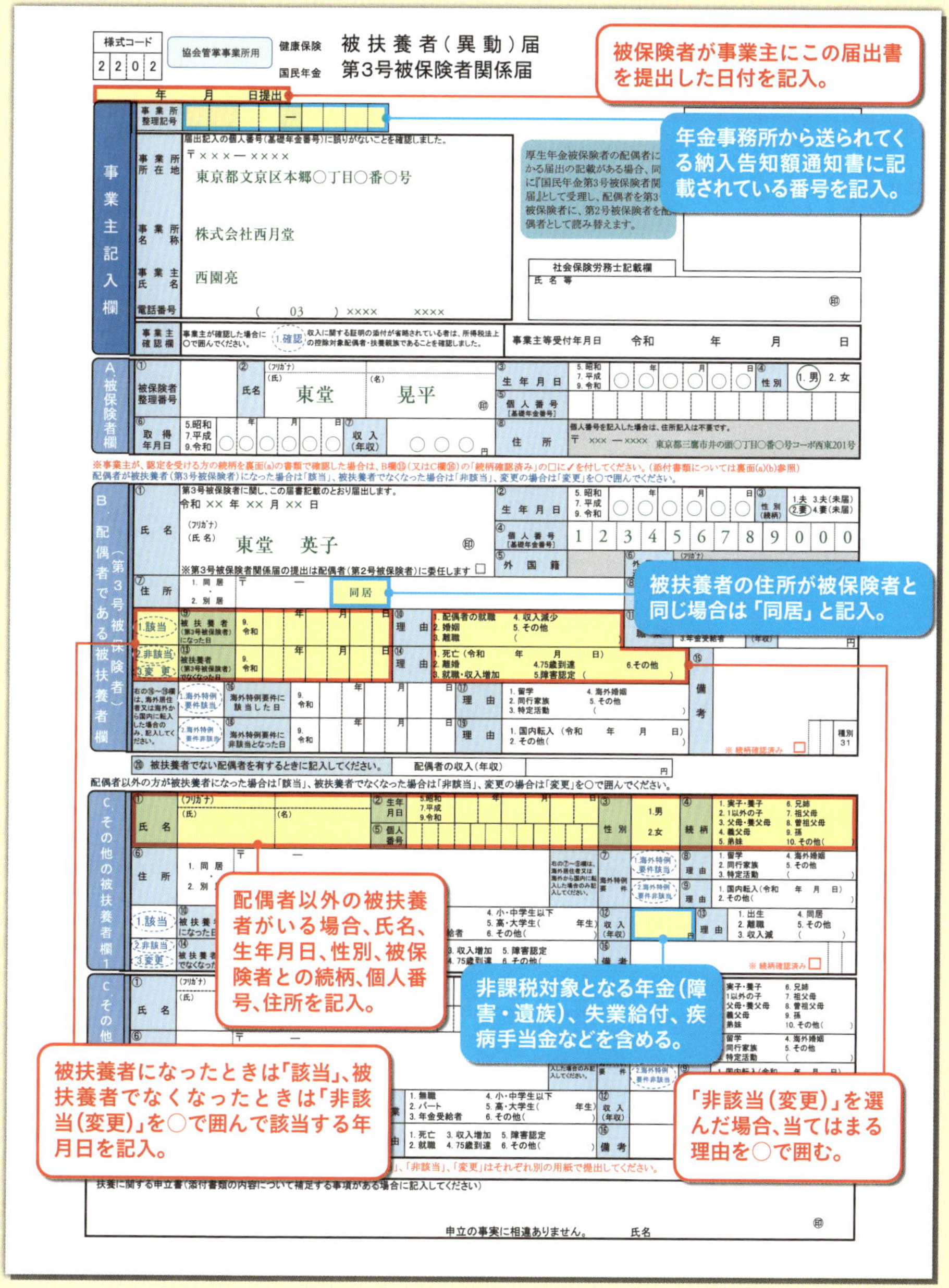

労働保険は労災保険と雇用保険の2つ!

労働保険の基本的なしくみ

人を雇ったら必ず加入することになる

労働者を雇う会社は、すべて**労働保険**に加入する義務があります。労働保険には、**労災保険**と**雇用保険**の2つがあります。

労災保険は、労働者が仕事中や通勤中に業務上の理由でケガをしたり、病気になったり、死亡したりしたときに、労働者や遺族を保護するため必要な保険給付を行うものです。

労災保険はすべての労働者が加入対象になります。雇用期間や労働時間などは関係ありません。

雇用保険は、失業者の生活の安定や就職の促進を目的としたもので、労働者の失業や教育訓練の受講をしたときなどに失業等給付が支給されます。

雇用保険の加入要件は、正社員か、雇用期間が31日以上で週20時間以上働くパートタイマー・アルバイトであること（学生ではない）。つまり、労働者を雇うすべての会社は労災保険の加入義務があり、さらに一定の要件を満たすことで雇用保険の加入義務も生まれるわけです。

労災保険の保険料は全額会社が負担し、雇用保険の保険料は会社と従業員が所定の割合で分担して負担します。

労働保険の完備は従業員の安心感につながるので、要件を満たしていなくても、雇用保険もできるだけ加入したほうが望ましいでしょう。

経営アドバイス　取締役は労働保険に入れない?

取締役は、原則として労働保険の被保険者となることはできません。ただし、所定の要件を満たすことで加入者になり、業務災害や通勤災害についての保険給付を受けることができるようになります。これを労災保険の特別加入制度といいます。要件は従業員数300人以下（金融業、保険業、不動産業、小売業、卸売業、サービス業は50～100人以下）の事業主であることなどです。

マメ知識　加入義務に反して手続きを行わなかった場合、行政の権限で加入手続きが行われ、保険料を訴求徴収され、また追徴金が徴収される場合もある。

労働保険料を納付する流れ

労働保険は、労災保険と雇用保険の2つからなる。保険料について、労災保険は会社が全額負担し、雇用保険は会社と従業員とで分担して負担して納める。

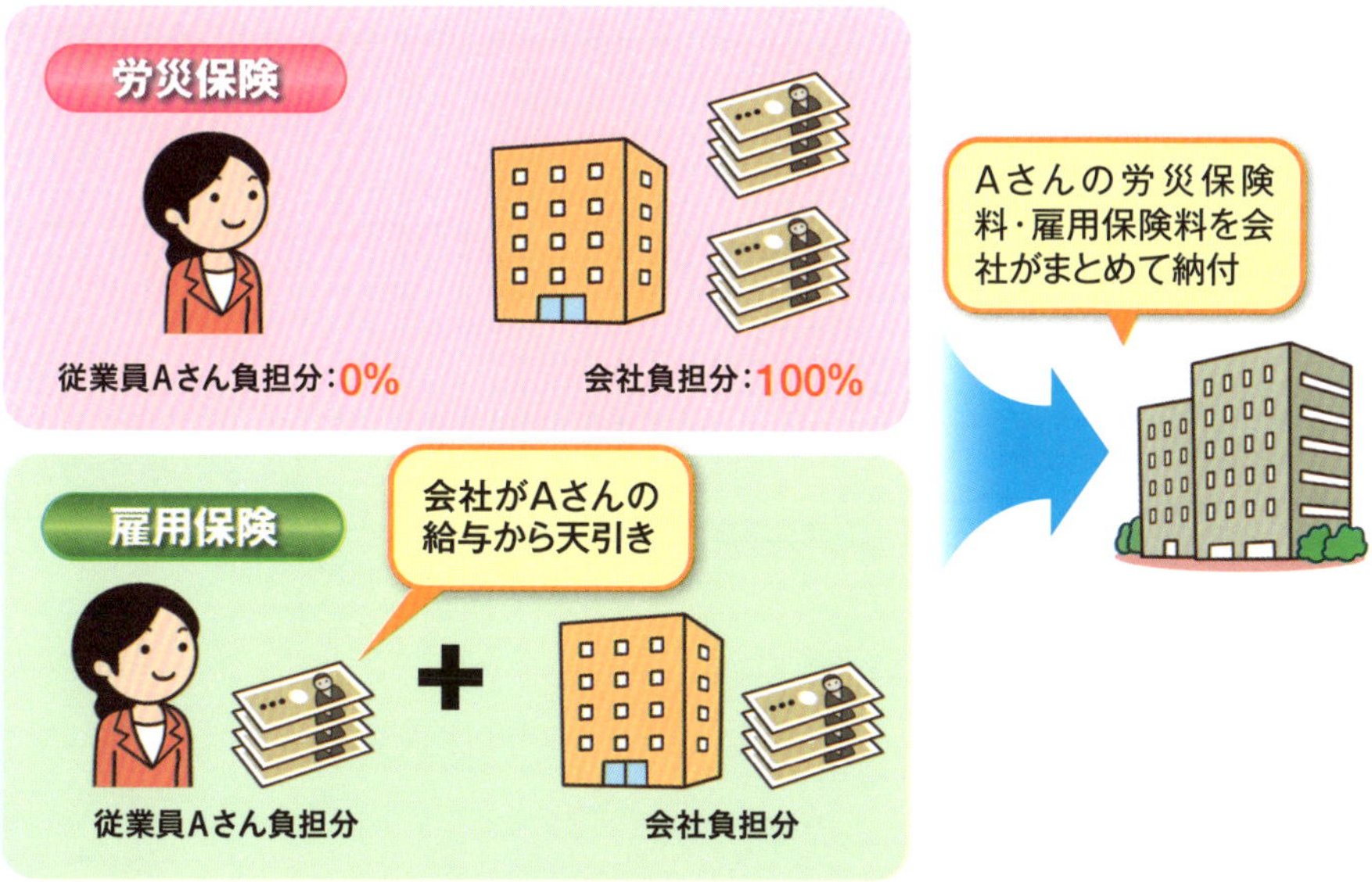

労働保険の基本と加入要件

労働保険には、おもに労災保険と雇用保険の2つがあり、加入要件は同じなので同時に手続きするとよい。保険料は給与額等に応じて変わる。

労災保険とは

従業員が仕事中に事故や災害にあって、ケガや病気をしたり、死亡したりしたときに給付金を支給するもの。

会社の加入要件

- 従業員が1人でもいたら、強制加入。

※労災保険は個人ではなく、事業所単位で加入する。そのため、加入すれば、その事業所で働くすべての従業員が保険の対象となる。

雇用保険とは

従業員が失業したときに給付金を支給したり、再就職支援をしたりするもの。

会社の加入要件

- 従業員が1人でもいたら、原則的に加入。

従業員の加入要件

- 会社が雇用保険の加入事務所（適用事務所）であること。
- 雇用期間見込みが31日以上で、かつ1週間の所定労働時間が20時間以上であること。

マメ知識 労働基準監督署は労働基準法、最低賃金法などに定められた事務を担う。ハローワークは公共職業安定所の通称で、職業紹介や失業給付などの事務を担う。どちらも厚生労働省が管轄している。

Hire a new force

従業員を雇ったら必ず手続きすること！

労働保険の加入手続きを行う

労働基準監督署とハローワークで手続きする

労災保険は**労働基準監督署**で、雇用保険は**公共職業安定所（ハローワーク）**で、加入手続きを行います。

社会保険の加入手続きと同様、所定の届出書と添付書類をそろえて提出してください。保険関係成立届を提出したら、当該年度分の労働保険料を支払います。

それぞれ提出期限も定められています。とくに労災保険は従業員を雇ったら必ず加入しなければいけません。手続きをおこたると、追徴金《ついちょうきん》などのペナルティを受ける可能性もありますので気をつけましょう。

労働保険の加入手続きに必要な届出

労働基準監督署に届け出るもの

	提出期限	添付書類
❶ 労働保険保険関係成立届 ➡P179	保険関係が成立した日から10日以内	□ 登記簿謄本
❷ 労働保険概算保険料申告書	保険関係が成立した日から50日以内	

※このほか、必要に応じて、「時間外労働、休日労働に関する協定書（36協定）」（➡P165）、就業規則届を提出する。

公共職業安定所に届け出るもの

	提出期限	添付書類
❶ 雇用保険適用事業所設置届 ➡P180	設置日から10日以内	□ 登記簿謄本 □ 労働保険保険関係成立届の控え（➡P179）
❷ 雇用保険被保険者資格取得届 ➡P181	資格取得日の翌月10日まで	

マメ知識 労働保険の保険料は、年間の概算額を納付し、年度末にすでに納付した前年の概算保険料の確定精算と当期の概算保険料の計算をして申告・納付する。

書き方

「労働保険保険関係成立届」の記入例

▶目的 労働保険の適用事業所となるためのもの。雇用保険の加入手続きは、この届出によって労働保険番号の交付を受けたあとに行う。

▶届出期限 保険関係が成立した日から10日以内。

▶届出先 本店所在地を管轄する労働基準監督署（労災保険）。その後、控えをハローワーク（雇用保険）。

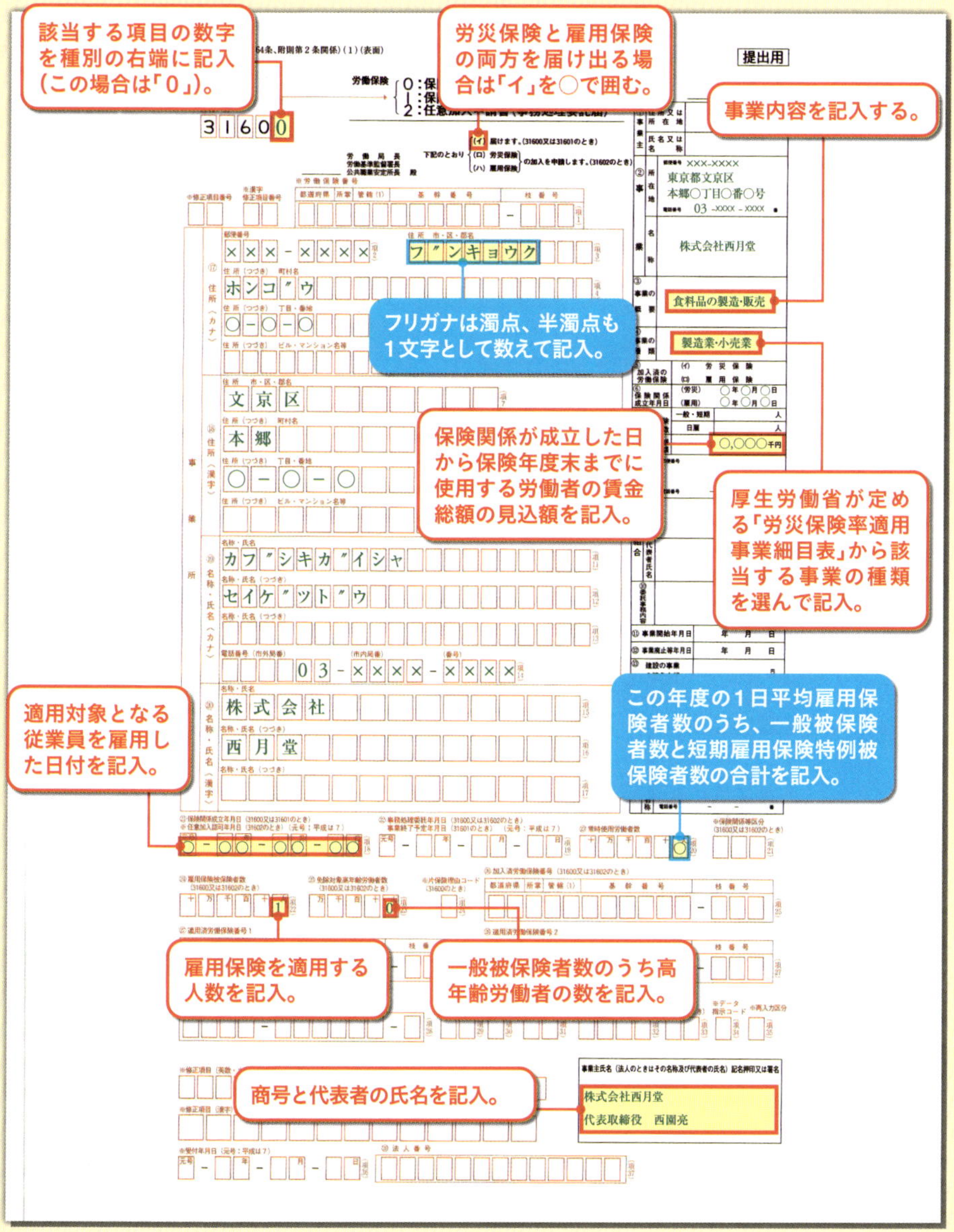

書き方

「雇用保険適用事業所設置届」の記入例

目的 雇用保険の適用事業所になることを公共職業安定所に知らせるためのもの。労働基準監督署に労働保険保険関係成立届を提出し、労働保険番号の交付を受けたあとで届出を行う。

届出期限 雇用保険の適用事業所となった日（加入対象となる従業員を雇った日）から10日以内。

届出先 本店所在地を管轄するハローワーク。

商号とフリガナを記入。フリガナは濁点と半濁点も1文字として数える。

雇用保険適用事業所設置届

（必ず第２面の注意事項を読んでから記載してください。）

※ 事業所番号

下記のとおり届けます。

公共職業安定所長 殿

〇〇 年 〇月 〇日

（この用紙は、このまま機械で処理します…）

1. 法人番号（個人事業の場合は記入不要です。）
12001

2. 事業所の名称（カタカナ）
カフ゛シキカ゛イシャ

事業所の名称〔続き（カタカナ）〕
セイケ゛ツト゛ウ

3. 事業所の名称（漢字）
株式会社

事業所の名称〔続き（漢字）〕
西月堂

※2枚目の提出も忘れずに行うこと。
「22.登録印」部分の左から2カ所に代表印を押す。
「23.最寄りの駅又はバス停から事業所への道順」に地図を記載する。

4. 郵便番号
×××－××××

5. 事業所の所在地（漢字）※市・区・郡及び町村名
東京都文京区本郷

事業所の所在地（漢字）※丁目・番地
〇丁目〇番〇号

事業所の所在地（漢字）※ビル、マンション名等

6. 事業所の電話番号（項目ごとにそれぞれ左詰めで記入してください。）
03－××××－××××
市外局番 市内局番 番号

7. 設置年月日
4－××××××（3 昭和 4 平成）
元号 年 月 日

8. 労働保険番号
××××××××××××××
府県 所掌 管轄 基幹番号 枝番号

「労働保険保険関係成立届」を提出したことで交付された労働保険番号を記入。

※ 公共職業安定所記載欄	9. 設置区分（1 当然 2 任意）	10. 事業所区分（1 個別 2 委託）	11. 産業分類	12. 台帳保存区分（1 日雇被保険者のみの事業所 2 船舶所有者）

13. 事業主	（フリガナ）住所（法人のときは主たる事務所の所在地）	東京都文京区本郷〇丁目〇番〇号	17. 常時使用労働者数		4 人
	（フリガナ）名称	株式会社西月堂	18. 雇用保険被保険者数	一般	5 人
				日雇	0 人
	（フリガナ）氏名（法人のときは代表者の氏名）	西園亮	19. 賃金支払関係	賃金締切日	25 日
				賃金支払日	当・翌月末日
14. 事業の概要（漁業の場合は漁船の総トン数を記入すること）		食料品の製造・販売	20. 雇用保険担当課名		課 係
15. 事業の開始年月日	年 月 日	※16. 事業の廃止年月日 年 月 日	21. 社会保険加入状況	健康保険 厚生年金保険	

…所を設置した日の翌日から起算して10日以内に…

2017. 1

初めて雇用保険の対象者を雇用した日付を記入。

雇用保険の対象者でない人も含めた、常時使用する労働者数を記入。

賃金の締日、支払日を記入。

書き方

「雇用保険被保険者資格取得届」の記入例

目的 雇用保険の保険者となるためのもの。加入者1人につき1枚ずつ届出が必要。

届出期限 加入対象の従業員を雇用した日の翌月10日まで。

届出先 本店所在地を管轄するハローワーク。

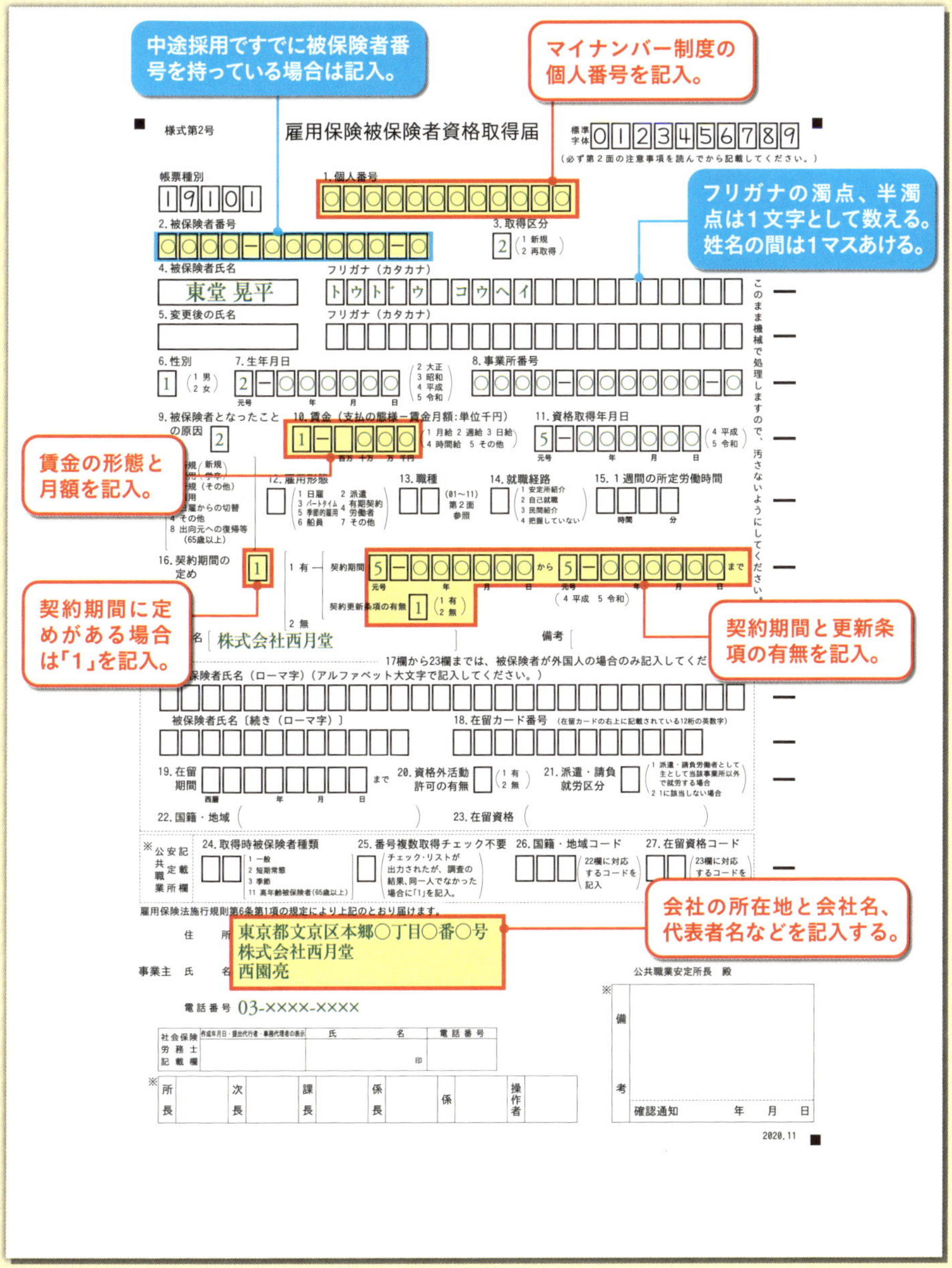

従業員が退職するときの手続き

社会保険に関わる届出が必要になる！

被保険者証を忘れずに返してもらおう

従業員が退職した場合も、社会保険や雇用保険などの手続きが必要です。社会保険の場合、まずは**退職する従業員から被保険者証（本人分と被扶養《ひふよう》者分《しゃぶん》）を返してもらいます。**そして、退職日から5日以内に所轄の**年金事務所に「健康保険・厚生年金被保険者資格喪失届」を提出**します。このとき、従業員から受け取った被保険者証も一緒に提出します。

離職票が必要かどうかあらかじめ確認しておこう

書き方

「健康保険・厚生年金被保険者資格喪失届」の記入例

目的　社会保険の被保険者がその資格を失ったことを年金事務所に知らせるためのもの。

届出期限　従業員が退職した日から５日以内。

届出先　本店所在地を管轄する事務センター（年金事務所）。

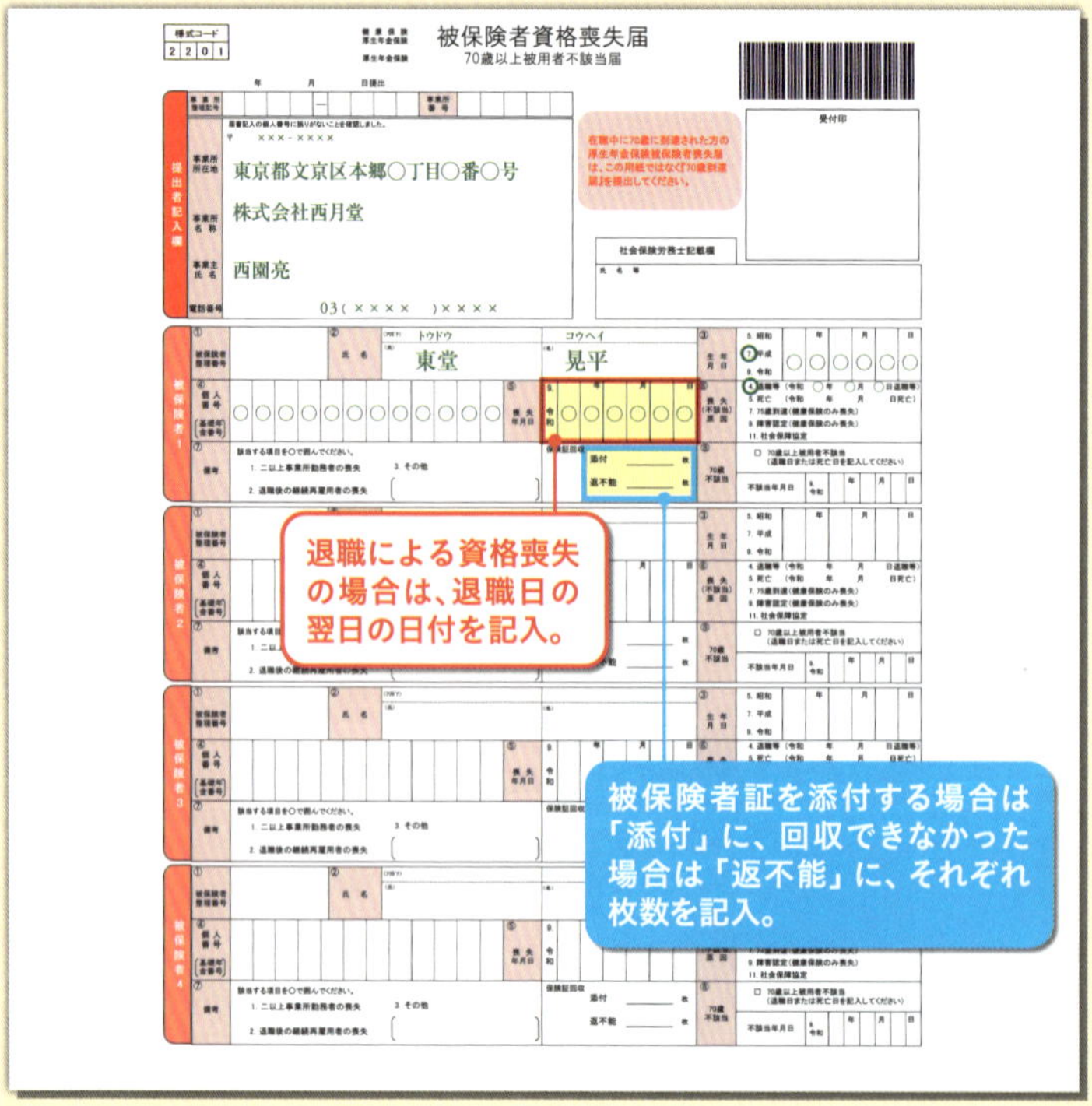

雇用保険の場合は、従業員が退職した日の翌日から10日以内に所轄の**公共職業安定所（ハローワーク）に届出**を行います。

提出する書類は、「雇用保険被保険者資格喪失届」です。また、退職者が離職票を必要とする場合には、「雇用保険被保険者離職証明書」も提出しなくてはいけません。

離職票とは、退職者が失業手当を受け取るために必要な書類です。「雇用保険被保険者離職証明書」には、退職者本人の記名・押印か自筆署名が必要になります。もし退職が決まったら、離職票が必要かどうか確認し、必要であればあらかじめ書類を用意しておくと効率的でしょう。

さらに会社が住民税を天引きしていた場合は、**従業員が住んでいる市区町村に「給与支払報告に係《かか》る給与所得異動届」を提出**します。期限は退職の翌月10日までです。

書き方

「雇用保険被保険者資格喪失届・氏名変更届」の記入例

目的 雇用保険の被保険者がその資格を失ったことを公共職業安定所に知らせるためのもの。

届出期限 従業員が退職した日の翌日から10日以内。

届出先 本店所在地を管轄するハローワーク。

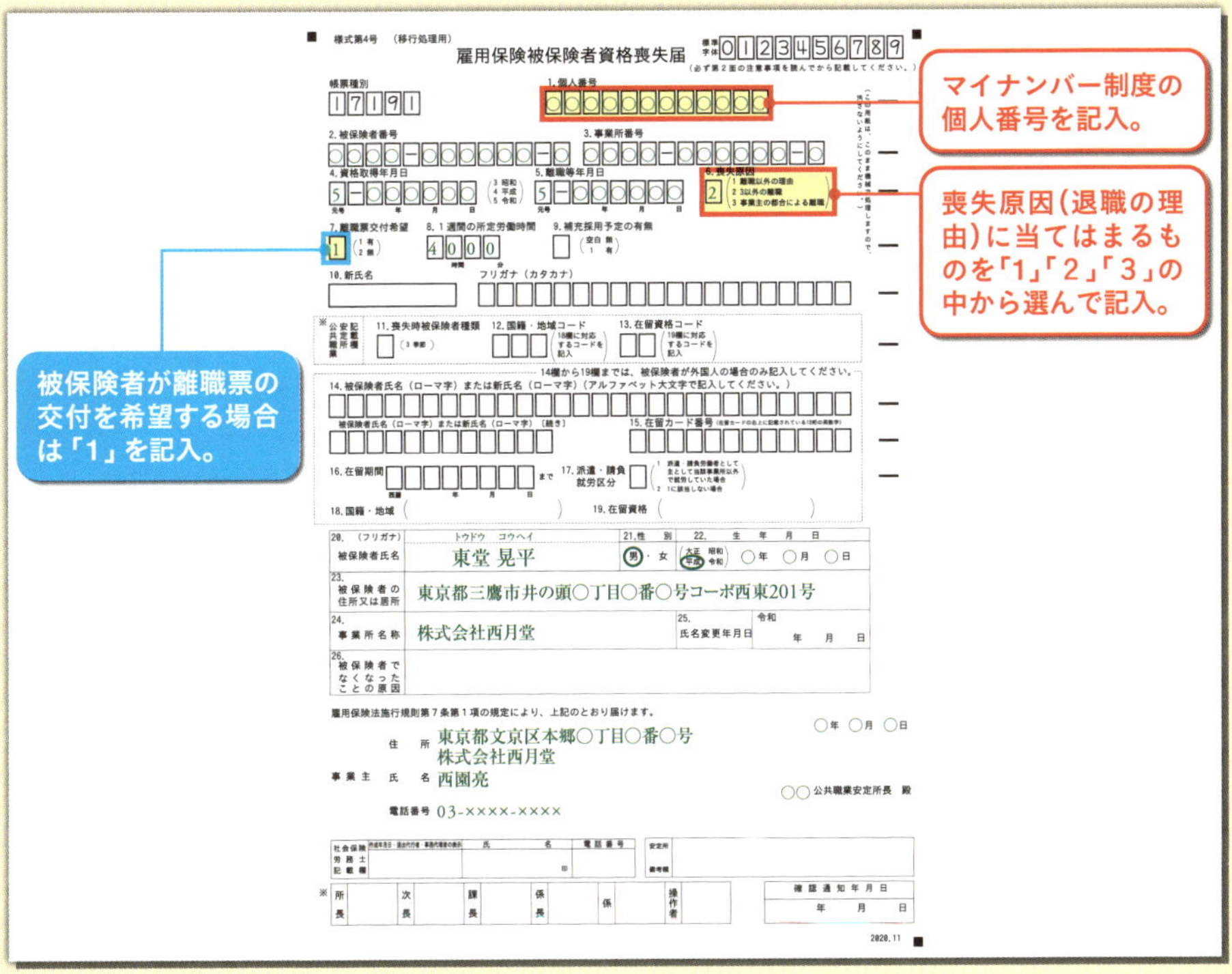
様式第4号 （移行処理用）
雇用保険被保険者資格喪失届
標準字体 0 1 2 3 4 5 6 7 8 9
（必ず第2面の注意事項を読んでから記載してください。）
帳票種別 17191
1. 個人番号 ○○○○○○○○○○○○
2. 被保険者番号 ○○○○-○○○○○○-○
3. 事業所番号 ○○○○-○○○○○○-○
4. 資格取得年月日 5-○○○○○○（3 昭和 4 平成 5 令和）
5. 離職等年月日 5-○○○○○○
6. 喪失原因 2（1 離職以外の理由 2 3以外の離職 3 事業主の都合による離職）
7. 離職票交付希望 1（1 有 2 無）
8. 1週間の所定労働時間 4000（時間 分）
9. 補充採用予定の有無 （空白 無 1 有）
10. 新氏名　フリガナ（カタカナ）
※公共職業安定所記載欄 11. 喪失時被保険者種類（3 季節） 12. 国籍・地域コード（18欄に対応するコードを記入） 13. 在留資格コード（19欄に対応するコードを記入）
14欄から19欄までは、被保険者が外国人の場合のみ記入してください。
14. 被保険者氏名（ローマ字）または新氏名（ローマ字）（アルファベット大文字で記入してください。）
被保険者氏名（ローマ字）または新氏名（ローマ字）〔続き〕
15. 在留カード番号
16. 在留期間 西暦 年 月 日 まで
17. 派遣・請負就労区分（1 派遣・請負労働者として主として当該事業所以外で就労していた場合 2 1に該当しない場合）
18. 国籍・地域（ ）
19. 在留資格（ ）
20. （フリガナ）トウドウ コウヘイ 被保険者氏名 東堂 晃平
21. 性別 男・女
22. 生年月日 （大正 昭和 平成 令和）○年 ○月 ○日
23. 被保険者の住所又は居所 東京都三鷹市井の頭○丁目○番○号コーポ西東201号
24. 事業所名称 株式会社西月堂
25. 氏名変更年月日 令和 年 月 日
26. 被保険者でなくなったことの原因
雇用保険法施行規則第7条第1項の規定により、上記のとおり届けます。
○年 ○月 ○日
事業主 住所 東京都文京区本郷○丁目○番○号 株式会社西月堂
氏名 西園亮
電話番号 03-××××-××××
○○ 公共職業安定所長 殿
社会保険労務士記載欄 作成年月日・提出代行者・事務代理者の表示 氏名 印 電話番号
安定所備考欄
※ 所長 次長 課長 係長 係 操作者
確認通知年月日 年 月 日
2020.11

ケーススタディ5

試用期間で辞めさせたらトラブルになった…

[雇用の基本ルールと解雇時のポイント]

原因 試用期間で解雇したら解雇予告手当の請求が！

履歴書や面接など、限られた情報だけで、人材を判断するのは大変です。そこで経営者の不安に応えるために、試用期間制度があります。

しかし、「とにかく採用して、気に入らなかったら試用期間で辞めてもらえばいい」と安易に考えるのは禁物です。**試用とはいえ、採用した以上は労働契約が成立し、会社は労働法に従う義務が生まれるから**です。**Eさんのトラブルも、この認識が甘かったことが原因でした。**

Eさんのケースでは、3カ月の試用期間を設けて従業員を採用し、試用期間の終了時点で解雇を通告しました。Eさんは何の問題もないつもりでしたが、その従業員から1カ月分の給与に当たる解雇予告手当を請求されてしまいました。

雇用・解雇と試用期間の基本ルール

雇用とは

- 本採用か試用（仮採用）かに関係なく、雇用した時点で労働契約を結ぶことになる
- 採用から14日を経過すると、解雇するには法的な手続きが必要になる。

解雇予告のルール

❶ 解雇30日前までに予告

少なくとも30日前までに、解雇日を決めて従業員に予告をする必要がある。

❷ 解雇30日前を過ぎて予告する場合

解雇予告手当として、期限を過ぎた日数の平均賃金を支払わなければならない。

Check! **たとえば、解雇20日前に解雇予告を行えば、10日分の平均賃金を支払うことになる。**

試用期間

仮採用した従業員の勤務状態などから、本採用をするかどうかを判断するための期間。

試用期間の長さ

14日を超えると、解雇予告や解雇予告手当などの義務が生まれる。ただし、就業規則などで定めることによって、14日以上の試用期間を設定することができる。1カ月から6カ月間とするのが一般的。

対策 試用期間の不採用でも法律上は解雇に当たる

大きなポイントは2つ。1つめは**採用から14日を超えて解雇通告したこと**。2つめは、**試用期間分の給与しか支払わなかったこと**です。

14日を超えて働かせた場合は労働基準法の解雇予告のルール（↓上図）が適用されます。つまり、**Eさんの場合は試用期間3カ月分＋解雇手当1カ月分の給与を支払う必要があった**わけです。あるいは**解雇の30日前に通告すればOKでした。**

このように「本採用のとりやめ」のつもりでも、解雇になります。また「なんとなく向いてない」というだけでは、不当解雇として訴えられる可能性もあります。たとえ試用期間でも、よほどのことがなければ本採用するという真剣な考えで雇用を決めることが大切です。

COLUMN 5

「マイナンバーは適正かつ厳重に管理しよう！」

2０１６年1月から、マイナンバー制度（社会保障・税番号制度）が始まっています。これにともない、すべての国民に12桁、法人に13桁の番号がマイナンバーとして割り振られました。

同時に企業は、従業員や取引先企業のマイナンバーを管理する義務を負うことになります。たとえば社員に給与を支払う、社会保険の手続きを行う、顧客と取引するといった業務を行う際には、届出書類などに所定のマイナンバーを記載する必要が出てきます。

そこで、まずは従業員とその家族、または外注先の個人事業者などのマイナンバーを知らせてもらうようにしましょう。注意すべきは、マイナンバーが秘匿性の高い「特定個人情報」であることです。

個人情報保護法では中小企業を対象外としていますが、マイナンバーはすべての企業が対象となります。そのため、会社は取扱規定などを設けて、管理責任者を明確にしたり、不正アクセスを予防したりといった対応を行わなくてはいけません。

マイナンバー制度は罰則もきびしく、たとえば事務担当者が正当な理由なくマイナンバーを他人に提供した場合、最高懲役4年または２００万円以下の罰金が科せられます。担当者個人だけでなく、会社が罰せられる可能性もありますので、慎重な取り扱いを心がけましょう。

第6章

経理・決算・税務の基本とコツ

会社は個人事業に比べて、会計業務が複雑になります。
また毎年、決算を行い、法人税などの申告・納付をする必要もあります。
そこで第６章では、会社の経理と決算、そして税務について解説します。

これ来月の新作なんだけど…
この伝票は…
ああそれは…
おじゃましま～す がんばってる～？
ほれ差し入れ
いらっしゃい…
何やってんの？
経理です… 今までやったことないから訳がわからなくて…
ヒョイッ

あんたにも思わぬ弱点があったわね…
すらぁ
せんぱ～いっ助けてくださいっ
本業も忙しくてもういっぱいいっぱいなんですぅ
う～ん 私も経理のことはわからないからなぁ…
お母さんが全部やってるし…
メソメソ…
むずかしい…
…………
仕方ない…
ヤツには頼りたくないけど…
ピッ
ピッ

ニコ
ニコ
そちらから助けを求めて出向いてくるなんて
殊勝な心がけですね
心太が困っていたからよ 私じゃないわよ
プイッ
すみません 助けてください…
経理のポイントですね お安い御用です

経理の基本業務
毎日
現金出納や経費精算など
毎月
売上の請求・回収、仕入等の支払い、帳簿づけなど
毎年
決算、確定申告など
申告
経理業務を通して帳簿に会社のお金の動きが記録されます
これが会社経営に欠かせないデータベースとなるのです
日・月・年で分けて考えるんですね
データベースか…私も帳簿の見方くらいわかっていないといけないわね
帳簿っていっぱいあってむずかしいんですよね…
おもな帳簿の種類
主要簿
❶仕訳帳
すべての取引を発生順に記帳するもの。
❷総勘定元帳
すべての取引を勘定科目別に記帳するもの。
補助簿
❸現金出納帳
現金の取引を記帳するもの。
❹預金出納帳
預金口座の収支を記帳するもの。
❺売掛金元帳
売掛金の取引を記帳するもの。得意先元帳ともいう。
❻買掛金元帳
買掛金の取引を記帳するもの。仕入先元帳ともいう。
基本的には主要簿と補助簿の2種類だけです
ここでの「取引」とはお金や商品の受け渡しなどがあって会社のお金やモノが増減することをいいます
つける順番とかあるのかしら？

帳簿づけの基本的な流れ
毎日 or 毎月
取引内容を仕訳帳に記録。より細かい取引内容を各補助簿に記帳する
年度末
仕訳帳をもとに取引内容を総勘定元帳に転記する
決算時
仕訳帳・総勘定元帳をもとに決算書を作成する
ざっとこんな流れです
西月堂のような場合は毎日
心太くんのような場合は毎月
仕訳帳と各補助簿をつけるとよいでしょう
どのようにお金が動く事業かによって
経理の効率化を図ってください
仕訳帳
総勘定元帳
それで年度末に総勘定元帳にまとめて
決算の基本情報にするのね
決算かぁ それも心配ですよねぇ…
決算から納税申告までの流れ
1 当期の取引内容を集計する（決算整理）
2 総勘定元帳に転記し、集計する
3 決算書（貸借対照表や損益計算書など）を作成する
4 申告調整を行い、確定申告書を税務署に提出する
では決算から申告・納税までの流れを押さえておきましょう

▶法人が納めるおもな申告納税方式の税金

法人税

法人の所得などに応じて決まる。国税。

法人住民税

所得の有無に関わらず課税される均等割と法人税額に応じて決まる法人割の合計。地方税。

法人事業税

法人の所得に応じて決まる。地方税。

消費税

支払った消費税と預かった消費税の差額。国税・地方税。

西日堂
これ試作のやつ
あとこれもそれも
全部食べてみて！
そんなに食べられませんっ
いらっしゃいませ～
あっ
待ち受け画面の
女の子だっ
ほう
よく覚えていましたね
家内と娘の杏子《あんこ》です
ぎゅっ
こんにちは…
こんにちは
キャワイイ…

珍しいですね家族連れなんて
今日はあの子が自分で和菓子を選びたいと言い出しまして
自分で…？
先輩…あそこって？
ノンアレルギーコーナー！
あっ…
そうあの子は重度のアレルギー体質なのです
小麦粉 卵 乳製品…
だからずっと食べるものには最大限配慮してきました
ゴホ…
卵入ってたみたいね…
好きなものを好きなように食べられないなんて…

今では
アレルギーに
配慮した食品の
おかげで
どうにかなって
いますけどね
ですがあの子自身は
食への関心をどんどん
失っていきました
そんなとき
ある和菓子を見つけて
食べさせてみたのです
…っ!?
すると
「おいしいおいしい」って
食べるんですよ
そんなことが…
うう…

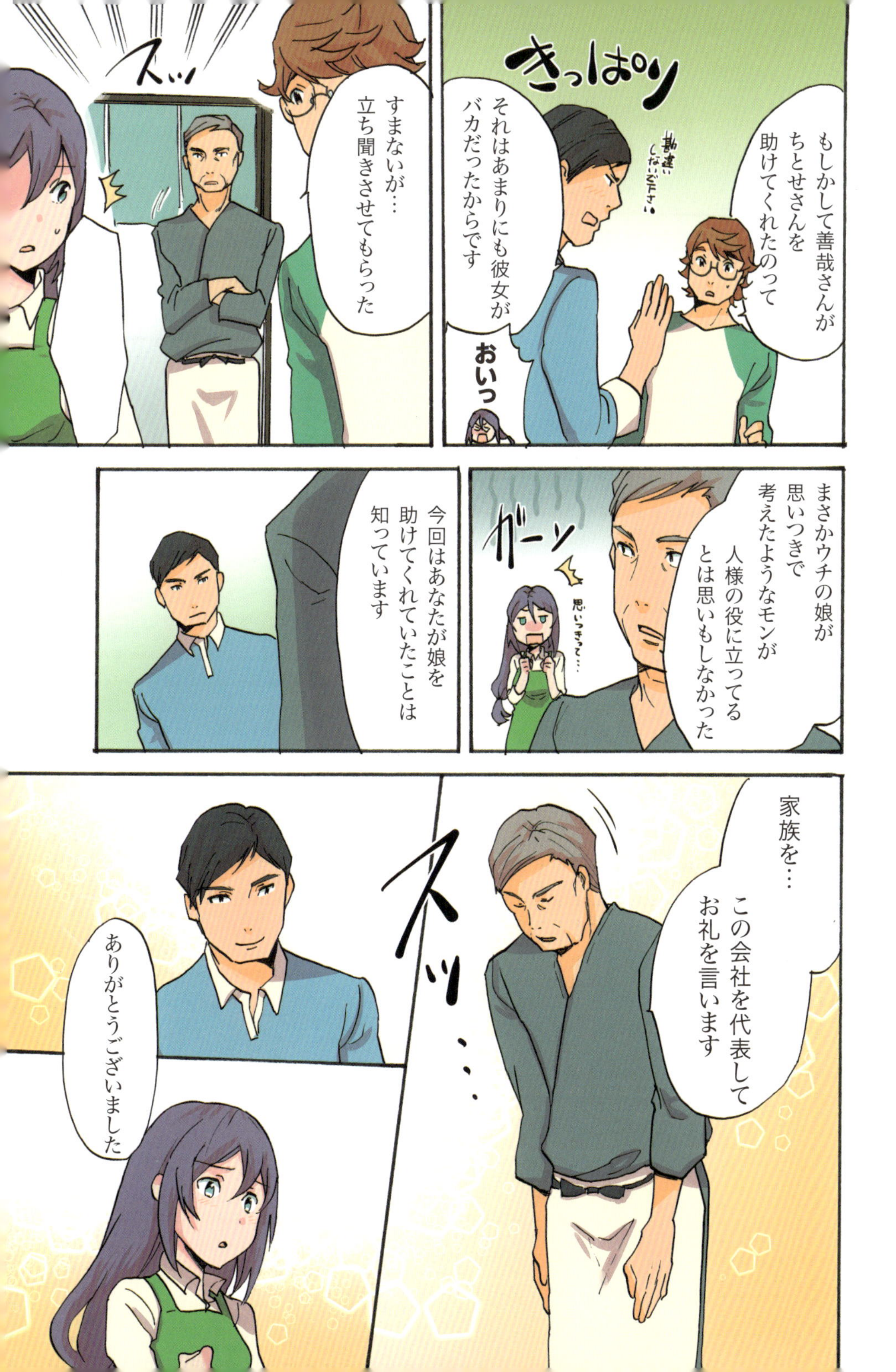
もしかして善哉さんがちとせさんを助けてくれたのって
きっぱり
勘違いしないで下さい
それはあまりにも彼女がバカだったからです
おいっ
スッ
すまないが…立ち聞きさせてもらった
ガーン
まさかウチの娘が思いつきで考えたようなモンが人様の役に立ってるとは思いもしなかった
思いつきって…
今回はあなたが娘を助けてくれていたことは知っています
家族を…
この会社を代表してお礼を言います
スッ…
ありがとうございました

娘さんは実業家として
すばらしい才覚があります
ぜひ信じてあげてください
ええ 子どもってのは
気づかないうちに
いっちょまえになるもんで…
え…?
お前がこの店のこと
ウチの和菓子のこと
真剣に考えてくれて
いるのは知っている
もうすべて
任せても安心だ
お父さん…
ありがとう
先輩よかったですね!!
なんか引退宣言
みたいだけど
まだまだ辞めさせ
ないわよっ
あったりまえよ!
西園家は先祖代々
生涯現役って決まってんだっ
ちょっと待って!!

善哉さん!!
本当にありがとうございました!!
あなたのおかげで家族みんなで新しいステージに進むことができました
いろいろ失礼なことも言ったけど心から感謝しています!
僕も…自分1人では無理だった
大きな一歩を踏み出すことができました!
これだから脳天気で甘ちゃんな経営者は困ります
なっ
会社はつくったら終わりではありません
つくるよりも続けるほうが大変なんです
…
まあ…これからも何か困ったことがあれば
助けに来てあげてもいいですよ格安でね
今度は杏子のために新作つくってもらうか〜
ククク…
パパ悪い顔してる!!

☑ 基本知識
□ 実践
□ 記入見本

経営者として会社のお金の流れを把握しよう!

会社の経理のポイントを押さえよう

経理業務でお金の流れを把握する

会社経営を続けていくためには、お金を管理する業務、つまり**経理**が大切になります。

経理のおもな仕事には、**出納《すいとう》業務、会計書類・伝票・帳簿の作成**などがあります。経営者はこれらを通じて、会社のお金の流れを的確に把握する必要があります。

経理の仕事が的確に行われなければ、安定した経営は望めません。注文が増えているのに会社がつぶれてしまう黒字倒産（➡P204）も、お金の流れが見えていないことが原因です。

また、会社には帳簿の記帳・保存義務があります。違反した場合には、青色申告（➡P212）の特典を使えない、税務調査時に推計で課税されるなどのペナルティを受ける可能性があります。

ルーティン化して経理業務の効率化を!

経理業務の多くは、ある程度パターン化できます。**経理業務では日々発生する取引や経費を月単位などで記録し、年度ごとの決算（➡P208）にまとめます。**

とくに経営者が自ら経理業務も担当する場合は、できるだけ経理業務の負担を減らす工夫、たとえば会計ソフトなどの活用が有効です。

得知識　会社の帳簿は複式簿記でつける

帳簿のつけ方には、単式簿記《たんしきぼき》と複式簿記《ふくしきぼき》の２種類があります。個人事業者であれば、家計簿のような感覚でつけられる単式簿記で十分です。しかし、会社の会計は売掛金、買掛金、借入金など多種多様なので、取引を「貸方《かしかた》」と「借方《かりかた》」に分けて記録する複式簿記が基本になります。会計ソフトなどを利用すれば、専門的な知識がなくても、簡単に複式簿記による帳簿をつくることができます。

用語解説　**出納業務**：現金の出し入れを行うこと。現金出納帳を作成し、金額、用途、支出日を記録する。

おもな帳簿の種類と帳簿づけの流れ

経理のおもな業務は、日々の取引を各帳簿に記録すること。この記録が年度末の決算につながる。主要簿は必須だが、補助簿は必要に応じて用意する。

主要簿（決算書作成の基礎書類となるもの）

❶仕《し》訳《わけ》帳《ちょう》	すべての取引を**発生順に記帳**するもの。仕訳伝票（取引ごとに出金や入金などを記帳できる伝票）をまとめることで、仕訳帳の代わりとすることもできる。
❷総《そう》勘《かん》定《じょう》元《もと》帳《ちょう》	仕訳帳をもとに、すべての取引を**勘定科目**（「交際費」「交通費」などの金額の名目）**ごとにまとめて記帳する**もの。

補助簿（日々の取引内容を具体的に記録する）

❸現金出納帳	**現金の出入り**を発生順に記録するもの。
❹預金出納帳	銀行別・口座別に、**預金口座からのお金の出入り**を発生順に記録するもの。
❺売《うり》掛《かけ》金《きん》元《もと》帳《ちょう》	得意先元帳ともいう。**売掛金の取引**を得意先ごとに分類し、記録するもの。
❻買《かい》掛《かけ》金《きん》元《もと》帳《ちょう》	仕入先元帳ともいう。**買掛金の取引**を仕入先ごとに分類し、記録するもの。

取引の発生
「商品が売れた」「商品を仕入れた」「経費を払った」など

↓

毎日 or 毎月

仕訳帳に記帳する
すべての取引の発生順に記帳する。

＋

補助簿に記帳する
「現金」「預金」「売掛金」「買掛金」ごとに、取引を発生順に記帳する。

↓

年度末

総勘定元帳に記帳する
仕訳帳に記帳された取引を、勘定科目ごとに分けて記帳する。

↓

決算時

決算書をつくる
仕訳帳・総勘定元帳の情報を集計して決算整理（➡P208）を行い、決算書をつくる。

用語解説 **会計書類**：証憑類ともいう。証憑は、証拠という意味。ここでは取引の内容を裏づける資料、具体的には領収書、請求書、納品書、注文書、見積書、売上伝票などを指す。

日々の経理業務が年度末の決算につながる！

経理業務の流れを把握しよう

日次、月次、年次に分けて経理業務を行う

税金面のメリットがある**青色申告法人（→P212）になると、複式簿記による帳簿書類をつくる**必要があります。具体的には、すべての取引を発生順に記録する仕訳帳、すべての取引を勘定科目別に分類して整理する総勘定元帳などに、会社の取引内容を1つ1つ記録していきます。

経理業務は、大きく①毎日行う日次業務、②月1回行う月次業務、③年1回行う年次業務に分けられます。

①**日次業務**は**現金出納や経費精算など**をこなしながら、仕訳帳や売掛金元帳、買掛金元帳などの**帳簿に、日々の取引内容を記帳**することです。これらの帳簿への記帳は、月末にまとめてやってもOKです。事業に合わせて、効率のよい方法を選んでください。

②**月次業務**は**各月の売掛金の請求・回収、買掛金の支払いなど**です。会社によっては、**月次決算**を行ってもよいでしょう。月ごとに決算を行うことで、リアルタイムに会社の経営状態が把握できます。月次決算では、いったん帳簿を締め切って**月次試算表**を作成し、取締役会などへの報告資料としてまとめます。

③**年次業務**では、帳簿への**記帳内容を年度末に集計し、貸借対照表《たいしゃくたいしょうひょう》、損益《そんえき》計算書《けいさんしょ》といった決算書**（→P208）にまとめます。

経営 アドバイス　月次試算表をつくる

月ごとの経営状態を把握するうえで役立つのが、月次試算表。試算表は総勘定元帳を集計した一覧表です。試算表にも種類がありますが、一般的には残高試算表をつくります。まず、総勘定元帳の**借方と貸方**をそれぞれ合計します。次に借方と貸方の合計額を比較し、金額が大きいほうから小さいほうを差し引いて残高を出します。こうすることで、月単位で勘定科目ごとの合計額や残高が一目でわかるようになります。

用語解説　借方と貸方：複式簿記の帳簿では、「資産の増加 / 費用の発生」を計上する左側を借方、「負債・純資産の増加 / 収益の発生」を計上する右側を貸方と呼ぶ。

1年間で行われるおもな経理業務

経理業務は、大きく「日次業務」「月次業務」「年次業務」に分けられる。自分の会社に合ったルーティンをつくって効率化を図ろう。

おもな日次業務

- ☐ 出納業務（現金・預金の出入金を行うこと）。
- ☐ 経費の精算（月次でもOK）。
- ☐ 仕訳帳・売掛金元帳・買掛金元帳の記帳（月次でもOK）。

おもな月次業務

- ☐ 売掛金の請求・回収、買掛金の支払い。
- ☐ 給与（賞与）の計算・支給。
- ☐ 月次の試算表（必ずしもつくる必要はない）。

おもな年次業務

- ☐ 仕訳帳の取引内容を総勘定元帳に転記（当期の売上や仕入、経費などが正しく計上されているか精査）。➔P209
- ☐ 決算整理（期末の**棚卸し**や固定資産の減価償却、売掛金・買掛金の残高などを調整する）。➔P209
- ☐ 決算書（貸借対照表・損益計算書など）の作成。➔P208
- ☐ 株主総会（作成した決算書を株主総会に提出し、承認を受ける）。➔P208
- ☐ 確定申告と納付（法人税、法人住民税、法人事業税、消費税を申告・納付）。➔P212～219
- ☐ 年末調整（源泉徴収した額と実際の所得税額と差額を調整する）。➔P220

用語解説 **棚卸し**：決算時などに、商品・製品・原材料などの在庫を調べて数量を確かめること。

資金繰りのポイント

「利益が出ているのに倒産！」なんてことにならないために

「帳簿上の損益」と「現金の収支」のちがい

利益は出ているのに資金繰りに行き詰まって、会社がつぶれてしまうことがあります。いわゆる**黒字倒産**です。

今月納めた品物の入金が来月で、仕入れの支払期限は今月とします。もし**今月分の支払いに必要な資金が手元になければ、仕入れの代金が払えず、入金前に経営が破綻**してしまいます。

黒字倒産は、中小企業倒産の半数近くを占めているといわれています。売上が伸びているときには、仕入れも売上に比例して増えます。ところが、どこかで不測の事態が生まれ、支払いにあてる現金が足りなくなると、簡単に

「帳簿上の損益」と「現金の収支」のちがい

帳簿上の損益（発生主義会計）と現金の収支（現金主義会計）のちがいについて、具体的な取引を例に理解していこう。

日付	取引
7月5日	仕入元から商品80万円分をすべて現金払いで仕入れる。
7月15日	顧客に商品150万円分を販売する。 ※そのうち50万円を現金で受け取り、100万円を売掛（8月末日回収予定）にする。

● 帳簿上の利益（発生主義会計）

日付	費用	収益
7月5日	▲80万円	
7月15日		150万円
純利益	70万円	

取引が発生したタイミングで帳簿に計上されるので、7月の収益（売上）は150万円となり、仕入れを差し引いて帳簿上は70万円の利益が出ている。

● 現金の収支（現金主義会計）

日付	支出	収入
7月5日	▲80万円	
7月15日		50万円
収支	▲ 30万円	

7月の売上150万円のうち、7月中の収入（現金の入金）は50万円だけ。それに対し、支出（現金の出金）が80万円となり、現金の収支では30万円のマイナスとなる。

用語解説 **帳簿**：会計帳簿のこと。法定に従って会計処理を行うために必要な帳面のこと。主要簿（総勘定元帳と仕訳帳）と補助簿（仕入先元帳など）に分かれる。

行き詰まってしまうのです。

黒字倒産を防ぐために大切なのが、適正な**資金繰り**です。**現金の収支を把握し、コントロールすること**です。資金繰りを理解する第一歩として、「帳簿上の損益《そんえき》」と「現金の収支」のちがいを確認しておきましょう。

まず、「帳簿上の損益」は**発生主義会計**といって、販売や仕入れなどの取引があった時点で帳簿に計上されます。そのため、実際の入金はまだ先であっても、帳簿上では利益が出たことになります。一方、資金繰りは実際に現金が入るとき（収入）と出るとき（支出）で見ていかなければいけません。これを**現金主義会計**と呼びます。

掛け取引の場合は、取引のタイミングと実際に現金が動くタイミングに必ず差が生まれます。繁盛して注文が増えているのに仕入れの支出に、入金が追いつかないといった場合、資金繰りが悪化してしまうわけです。

売上が拡大するほど資金繰りが悪化する例

資金繰りが悪化するパターンはさまざまだが、その1つに支払いサイト（取引から支払いまでの期間）よりも入金サイト（取引から回収までの期間）のほうが長い状態で売上が拡大していくことが挙げられる。

原価率80%・経費20万円の会社で月ごとに売上が伸びた場合

▶ 入金・支払いサイトがともに1カ月だと……

	1月（開業月）	2月	3月	4月
前月残高	100 万円	80 万円	85 万円	95 万円
売上金回収	-	125 万円	150 万円	175 万円
仕入金支払	-	▲100 万円	▲120 万円	▲140 万円
経費	▲20 万円	▲20 万円	▲20 万円	▲20 万円
現金残高	**80 万円**	**85 万円**	**95 万円**	**110 万円**

入金と支払いが同じ月になるので、現金残高は少しずつ増えていく

▶ 支払いサイトが1カ月で、入金サイトが2カ月だと……

	1月（開業月）	2月	3月	4月
前月残高	100 万円	80 万円	▲40 万円	▲55 万円
売上金回収	-	0 万円	125 万円	150 万円
仕入金支払	-	▲100 万円	▲120 万円	▲140 万円
経費	▲20 万円	▲20 万円	▲20 万円	▲20 万円
現金残高	**80 万円**	**▲40 万円**	**▲55 万円**	**▲65 万円**

1月の売上を3月から回収し始めるので、現金残高は徐々に減っていく

このことから　**入金サイトはできるだけ早めに、支払いサイトはできるだけ遅めにしたほうが資金繰りが楽になる!**

用語解説　**掛け取引**：信用取引とも呼ばれる。売買や契約などを現金決済で行わず、相手方に信用を与えて行う取引のこと。取引は先に発生し、その代金は後日に支払う。

領収書や請求書などをきちんと管理しよう！

会計書類の作成と管理のポイント

会計書類の発行と管理には細心の注意を払うこと

経理では会計書類（**証憑類**《しょうひょうるい》）、つまり**領収書**、**請求書**、**納品書**などの管理も大切です。

会計書類を扱ううえで重要なのは、**取引ごとに日付、金額、品目、個数などの内容をしっかり確認すること**。誤りがあるまま取引を進めると、損をしかねないだけでなく、いい加減な会社と思われて信用を失ってしまいます。

画像データでの管理・保管も可能に！

会計書類や各帳簿は、税法で原則7年（例外規定あり）**の保存が義務づけられています**。何か経営上の問題が発生した場合、過去にさかのぼって取引の証拠として確かめる必要も出てくるでしょう。また、決算書の作成にも欠かせない書類となるため、会計書類の管理・保管はとても重要です。

さらには税務調査では、数年前までさかのぼって会計書類の提示を求められることもあります。

会計書類や各帳簿は、**デジタルデータでの保存も可能**です。ただし、電子帳簿保存法（電帳法）の規定に則っていなくてはいけません。また、同法の改正により、２０２４年１月から**「電子取引」に関する情報のデータ保存が義務化**されます。

おもな会計書類の種類

1 現金・預貯金関係
領収書、預貯金通帳、借用書 など

2 有価証券関係
有価証券受渡計算書、社債申込書 など

3 棚卸資産関係
納品書、送り状、貨物受領書、出入庫報告書、検収書 など

4 その他
契約書、請求書、見積書、注文請書、仕入伝票 など

マメ知識 請求書を発行することで、売掛金を回収する権利、債権の証拠となる。商品代金などが支払われないまま5年間が過ぎると、時効が来て債権が消滅してしまう。

会計書類の作成と管理のポイント

領収書や請求書などは会計に関わる重要な書類。誤った表記や取り扱いを行うと、脱税などを疑われる可能性もあるので気をつけよう。

領収書を発行するとき

- □宛名は正式名称で記載（「上様」はNG）
- □金額は冒頭に「¥」、末尾に「-」を入れる（消費税額も明記）。
- □発行日を記入する。
- □但し書きは具体的に記載（「品代」はNG）。
- □金額が5万円以上の場合は収入印紙を貼る。
- □発行者として、自社名と住所、連絡先を記載し、会社印を押す。

請求書を作成するとき

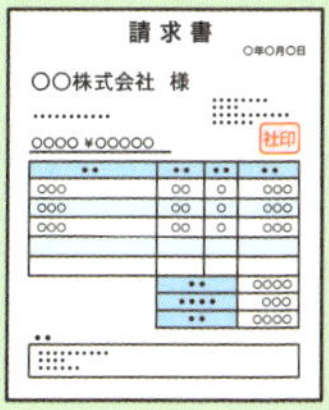

- □宛名は正式名称で記載（必要に応じて、担当者名も入れる）。
- □日付は取引先の締日も確認したうえで発行する。
- □発行者として、自社名と住所、連絡先を記載し、会社印を押す。
- □請求の内訳は品名、数量、単価、金額を明記するとよい（消費税額も明記する）。
- □振込先を明記する。

電子帳簿保存法の区分

紙の帳簿・書類を作成

- □仕訳帳や総勘定元帳、売掛帳、買掛帳など、国税関係帳簿。
- □損益計算書、貸借対照表など、決算関係書類。
- □請求書、見積書、納品書、領収書など、自社が作成した取引関係書類の控え。

→ **電子帳簿等保存**
パソコンなどで作成したデジタルの帳簿や書類をデータとして保存すること。
← データ保存が認められる要件が緩和された

取引先

紙の書類を受領

- □請求書、見積書、納品書、領収書など、取引先が作成した取引関係書類。

→ **スキャナ保存**
取引先から受けとった紙の書類をスキャンしたあと、データとして保存すること。
← データ保存が認められる要件が緩和されるとともに、違反時の罰則が強化された

インターネットを通じて紙の書類を受領

- □請求書、見積書、納品書、領収書など、取引先が作成した取引関係書類。

→ **電子取引**
インターネットなどを通じて受けとったデジタルの取引情報を、データとして保存すること。
← データ保存が認められる要件が緩和された

マメ知識 領収書を再発行すると、不正使用を疑われ、税務調査でペナルティを科される可能性もある。紛失などでどうしても再発行が必要な場合は、その旨を明記して再発行する必要がある。

決算のしくみを知ろう

会社の経営状態を一目で把握できるようにする！

会社のおもな決算書は貸借対照表と損益計算書

決算とは、会社の**一定期間の損益を計算して、その間の利益または損失を確定させること**です。決算の結果は決算書にまとめ、それをもとに確定申告（↓P212）などを行います。

決算書には、いくつかの種類がありますが、メインとなるのは**損益計算書**と**貸借対照表**の2つです。貸借対照表は会社の財政状態を示すもの、損益計算書は事業年度を通じての会社の経営成績を示すものです。

決算書は決算整理（↓下図）でまとめた数字を落とし込み、完成させます。

決算～確定申告の流れ

1 決算を行う

期末時点の損益をまとめる。

2 決算書を作成

確定申告と株主総会に間に合うように行う。

3 株主総会に提出

決算書の承認を受ける。

➡P38

4 確定申告を行う

期末の翌日から2カ月以内に確定申告書を提出し、税金を納付する。

➡P212

用語解説 **決算書**：貸借対照表・損益計算書・株主資本等変動計算書・個別注記表という4つの計算書などからなる。

決算整理の流れ

1 現金・預金の残高を確認する

- 各帳簿と実際の現金・預金の残高が一致するかを確認する。

2 売上高を確定させる

- 総勘定元帳の借方と貸方を合計し、勘定科目ごとに残高を集計する（試算表の作成）。
- 集計したデータをもとに売上高を確定させる。

3 棚卸しを行って売上原価を確定させる

- 今期の仕入高を集計する。
- 棚卸しを行い、期末商品棚卸高（期末の在庫）を出す。
- 売上原価（期首の在庫＋仕入高－期末の在庫）を確定させる。

4 年度をまたぐ費用と収益の繰延べ・見越しを行う

収益の繰延べ	今期の収益として確定していないが、すでに入金されているものは、前受収益として翌期の収益とする。	**費用の繰延べ**	今期の費用として確定していないが、すでに出金しているものは、前払費用として翌期の費用とする。
収益の見越し	今期の収益として確定しているが、まだ入金されていないものは、未収収益として今期の収益とする。	**費用の見越し**	今期の費用として確定しているが、まだ出金していないものは、未払費用として今期の費用とする。

5 引当金《ひきあてきん》の計上を行う

- 将来発生する可能性が高い損失等を見越して、あらかじめ準備しておく資金（引当金）を計上する。

例 今期中に発生し、翌期に回収予定だが、回収が困難と予想される売掛金。
➡ **貸倒引当金として計上する。**

6 減価償却費の計上を行う

- 対象となる資産（減価償却資産）を取得した場合、その取得費用を数期にわたって分割して費用として計上する。
- 分割する年数は、減価償却資産ごとに定められた耐用年数によって決まる。

決算書を作成する

会社が納めるおもな税金を知ろう

基本的には自分で税額を計算し、申告して納める！

税金を納めるには2通りの方法がある

決算が終わったら、確定申告（↓P212）を行い、納税を行います。

会社が納める主な税金は、**法人税、法人住民税、法人事業税、消費税、固定資産税、源泉所得税**など。これらの税金を支払う方法には、**申告納税方式**と**賦課《ふか》課税方式**の2通りがあります。

申告納税方式は、納税者が自分で税額を計算し、納税する方法。この方式で納める税金には、法人税、消費税、法人住民税などがあります。

賦課課税方式は、国や自治体が税額を計算し、納税者に通知するものです。固定資産税、不動産取得税、自動車税などがあります。

会社が納める税金は申告納税方式が多い

申告納税方式の税金は計算方法がとても複雑で、申告書の作成に手間がかかるものです。小さな会社で経営者自ら確定申告を行う場合は、相当な時間を覚悟しなくてはいけません。

そのため、多くの経営者は税理士に税額の計算や申告手続きを依頼しています。ただし、税金を納めるのは会社の役目ですから、税額がどのように算出されるのか、経営者としてそのしくみは理解しておくとよいでしょう。

経営アドバイス　決算から納税までの期限は？

会社は事業年度が終わった翌日から2カ月以内に、決算書に基づいて法人税等の申告と納付を行います。法人税、法人住民税、法人事業税、消費税は、2カ月の申告期限を3カ月に延長することもできます。ただし、「定款で株主総会が決算日の3カ月以内と定められていること」「決算日までに延長手続きを行っていること」などが条件です。また、延長できるのは申告期限のみで、2カ月の納付期限は延長できないので要注意です。

マメ知識　賦課課税方式は国や自治体が納税額を決めるのに対し、申告納税方式は税額の計算が会社に任されている。

申告納税方式と賦課課税方式

申告納税方式のおもな税金

	内容	納付先	納付期限
法人税 →P214	法人の所得に対してかかる。	国	決算日の翌日から **2カ月以内**(確定申告)
法人住民税 →P216	法人税額をもとに決まる法人割と所得に関係なくかかる均等割がある。	地方自治体	
法人事業税 →P216	法人の所得に対してかかるもの。	地方自治体	
地方法人特別税	税制改革の一環で、暫定的にかかるもの。	国	
消費税 →P218	事業の中で預かった消費税を納めるもの。	国	

賦課課税方式のおもな税金

	内容	納付先	納付期限
固定資産税	毎年1月1日時点に土地や建物、償却資産を所有している場合にかかる。	地方自治体	4期に分かれる。具体的な月日は、市町村によって異なる。
不動産取得税	土地や建物を取得(売買や建築など)した場合にかかる。	地方自治体	おおむね取得から3～6カ月後。
自動車税	毎年4月1日に、自動車を保有している場合にかかる。	地方自治体	毎年5月末日。

そのほかの税金

印紙税

定款や契約書、高額の領収書などの書面を作成したときにかかる。書面に収入印紙を貼ることで納税する。

登録免許税

会社や不動産の登記手続きを行うときにかかる。手続き時に、所定の方法で収入印紙を貼った書面を提出して納税する。

マメ知識 納付が期限より遅れると延滞税や延滞金が発生する。源泉所得税が遅れた場合は、不納付加算税が課されることもある。延滞税は利息のように日割りで課されるので、放置すればするほど負担が大きくなる。

確定申告の基本とポイント

節税に欠かせない税制上のメリットを活用しよう!

青色申告のメリットを生かさない手はない!

事業年度ごとに会社の所得を確定させ、税務署に申告し、法人税などを納付することを確定申告といいます。申告・納付期限は、会社の事業年度が終わった翌日から2カ月以内です。

法人税の**確定申告**には、**白色申告**と**青色申告**の2通りがあります。このうち、**青色申告は税制上のさまざまなメリットを活用することができます。**

青色申告を行うためには、「青色申告の承認申請書」（➡P145）を提出し、複式簿記《ふくしきぼき》によって帳簿をつける必要があります。法人はそもそも記帳義務があるので、青色申告を選ばない

青色申告によるおもなメリット

メリット1 赤字を最大10年間まで繰り越せる!

赤字（欠損金）を10年間まで繰り越すことができる（➡左図）。

メリット2 法人税の還付を受けられる!

今期が赤字で前期が黒字の場合、前期に納付した**法人税の一部を還付**してもらえる。

前期に納めた法人税の一部が還付される!

メリット3 少額の償却資産を全額費用にできる!

1点につき30万円未満の固定資産を、買った期の費用とすることができる（上限300万円まで）。

例 **20万円のパソコンを購入した場合**

白色の場合	青色の場合
4年にわたり分割して費用計上する。	買った期に全額、費用計上する。
⬇	⬇
今期の費用 5万円	今期の費用 20万円

用語解説 **白色申告**：2014年から所得にかかわらず記帳や帳簿書類の保管が義務づけられるようになったため、事務処理の手間が青色申告と大差なくなっている。

メリットはあまりありません。

繰越控除を活用して課税所得を減らす！

青色申告によるメリットで、とくに大きいのは**赤字の繰越控除《くりこしこうじょ》**です。

法人税は原則的に、会社が黒字の場合に課されます。たとえば「設立から初年度は大きな赤字が出たが、2年目から少しずつ利益が出始める」ということが現実にはあり得ます。この場合、利益が出始めた2年目からフルに法人税を課されると、経営が苦しいままになってしまう可能性があります。

そこで、**繰越控除を利用すれば、前年度の赤字を繰越損失《くりこしそんしつ》として翌年度以降に持ち越すことができます。これによって、課税対象となる会社の所得を少なくすることができるのです。**

この繰越損失を持ち越せる期間は、法人の場合で10年までです。

欠損金の繰越控除のしくみ

損失（欠損金）を最大10年間まで、繰り越すことができる。つまり、翌期以降に利益が出ても、欠損金と相殺される場合は法人税がかからない。

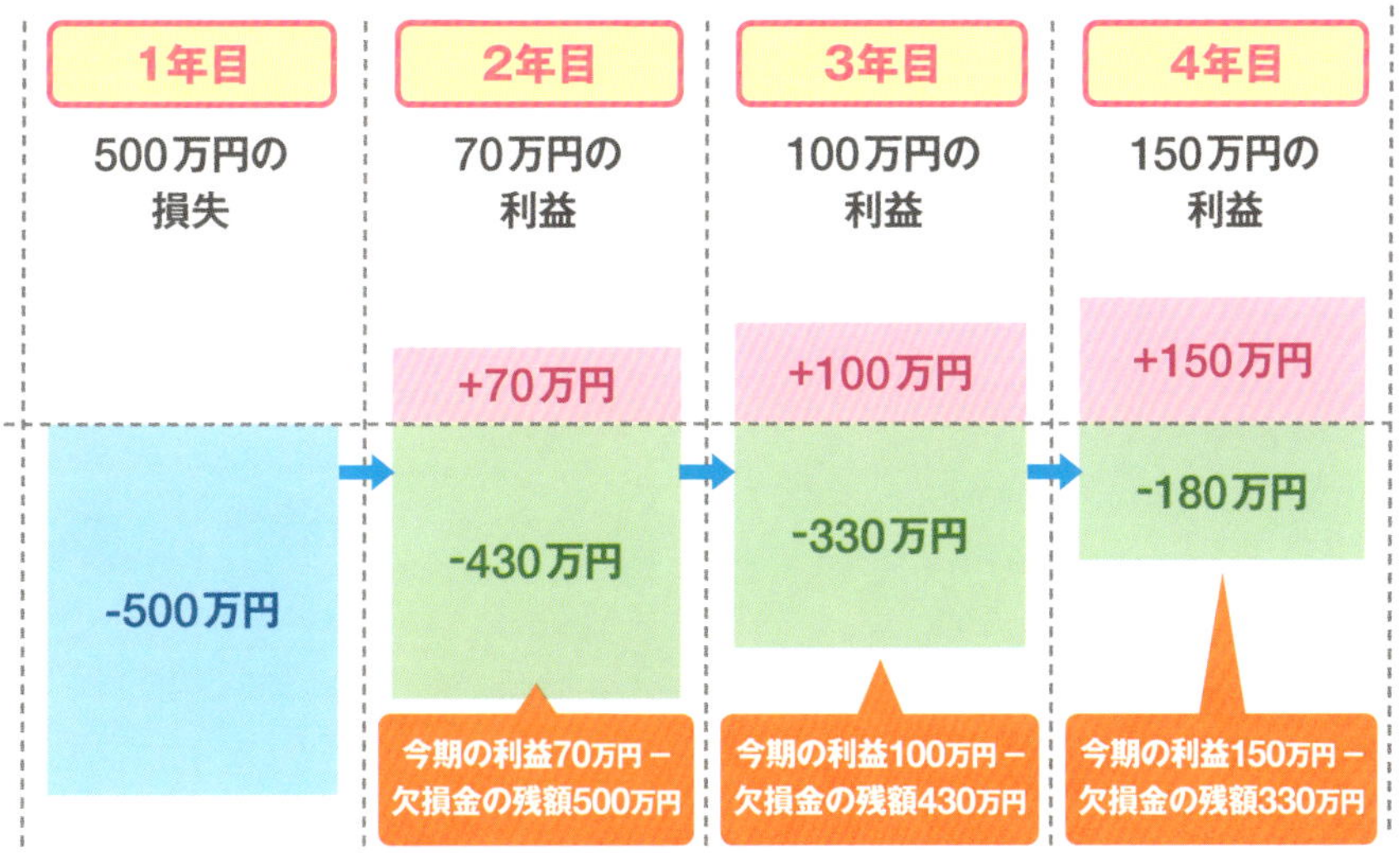

欠損金の残額が0になるか、10年間までは赤字（欠損金）を繰越できる！

※2018年3月31日以前に開始された事業年度における欠損金額の繰越期間は9年。

用語解説 **記帳**：売上などの収入、仕入れや経費などについて、取引の年月日、売上先・仕入先その他の相手方の名称、金額、日々の売上・仕入れ・経費の金額などを帳簿に記載すること。

法人税の計算方法を知ろう

税計算の基本となる「課税所得」の求め方を理解しよう！

納める法人税は課税所得によって変わる

個人の所得に所得税が課されるように、法人の所得には**法人税**が課されます。**法人税の納税額は、課税対象となる所得（課税所得）に所定の税率をかけて求めます。**したがって、課税所得の金額によって、納税額が変わってくることになります。そのため、所得がマイナス（赤字）なら、法人税はかかりません。

法人税は申告納税方式なので、会社が税額を計算し、確定申告によって納付します。

課税所得を算出するには、決算によって明らかになった収益から費用を差

課税所得の求め方

課税所得は決算によって明らかになった利益（収益から費用を差し引いたもの）をベースに、そこから申告調整を行うことで求められる。

収益 − 費用

税引前当期純利益 ＋ 加算分 − 減算分 ＝ 課税所得

▶加える もの

益金算入

通常の経理では収益ではないが、税務上は益金（収益）となる（加算する）

損金不算入

通常の経理では費用だが、税務上は損金（費用）とならない（加算する）

▶減らすもの

益金不算入

通常の経理では収益だが、税務上は益金（収益）とならない（減算する）

損金算入

通常の経理では費用ではないが、税務上は損金（費用）となる（減算する）

用語解説 **税引前当期純利益**：法人税等を差し引く前の利益のこと。

し引き、**当期の利益**（税引前当期純利益）を出します。課税所得を確定させるためには、ここからさらに申告調整を行います。

申告調整とは、税引前当期純利益に税法上では費用とならないものを加算し、税法上では収益とならないものを差し引くことです。

法人税法では収益を**益金**《えききん》、費用を**損**《そん》**金**《きん》と呼びます。たとえば、800万円を超える部分の接待交際費は、損金とすることはできません。これを**損金不算入**といいます。反対に引当金《ひきあてきん》の取り崩しなど、通常の経理では収益にならないものが、法人税法では益金になることがあります。これを益金算入といいます。このように**益金・損金の算入・不算入という調整を加えることで、課税所得が算出される**のです。

こうして確定した課税所得に所定の税率をかけ、控除額などを差し引いたもの（↓下図）が法人税の額となります。

法人税額の求め方

法人税は課税所得800万円を境に税率が変わる。たとえば、課税所得が1,000万円の場合、800万円までは15%で計算し、残りの200万円は23.2%で計算し、その合計額が法人税額となる。

課税所得 × 法人税率 − 控除額 = 法人税額

	2018年4月1日以降に始まる事業年度
課税所得が年800万円以下の部分	15%
課税所得が年800万円超の部分	23.2%

おもな法人税の控除

- 会社の預金利息に対する源泉所得税
- 配当金に対する源泉所得税の控除
- 政策減税による控除 など

※　法人税に4.4%をかけて、地方法人税を算出。
法人税と地方法人税を合計した金額を申告・納付する。

用語解説 **引当金**：将来予想される支出や損失を事前に想定し、準備しておく費用。その金額を、あらかじめ費用や損失として繰り入れる必要がある。

法人税や課税所得の額がベースになる!

法人住民税と法人事業税の求め方

法人所得税と法人住民税は地方自治体に納める

会社が納めるおもな税金のうち、**法人住民税と法人事業税**は地方税で、納付先は自治体になります。

法人住民税は、法人都道府県民税と法人市町村民税の2つからなります。この2つは、それぞれ別々に確定申告し、納税しなくてはいけません。

法人都道府県民税と法人市町村民税にはそれぞれ、所得に応じて税額が変わる法人税割と均等割が課されます。

均等割とは、所得の金額に関係なく一定額を課される税。つまり、法人住民税の均等割は会社が赤字でも納めなくてはいけないものになります。

法人住民税の求め方

法人住民税は法人都道府県民税と法人市町村民税に分けて計算を行い、別々に申告・納付を行う。

法人税割 ＋ 均等割※1 ＝ 法人都道府県民税

法人税割 → 法人税額 × 税率※2

➡ P215

法人税割 ＋ 均等割※1 ＝ 法人市町村民税

法人税割 → 法人税額 × 税率※2

➡ P215

※1 均等割の金額は資本金や社員数などに応じて決まり、自治体によって異なる。
※2 法人税割の税率は各都道府県・市町村によって異なる。

都道府県と市町村に
それぞれ別々に申告・納付する!

マメ知識 東京都23区内の法人は都の特例として、市町村民税相当分も合わせて法人都民税として課される。つまり、一度の申告・納付ですむことになる。

たとえば、東京都23区内の場合、中小企業（資本金1000万円以下・従業員50人以下）は7万円と定められています。

法人事業税は課税所得に税率をかけて算出する

法人事業税は法人住民税と異なり、都道府県にだけ納める地方税です。**税額は、所得に所定の税率**（➡下図）**をかけて求めます。**したがって赤字であれば、法人事業税を納める必要はありません。

また、法人事業税には、法人税や法人住民税にはない特徴もあります。それは、**納税した分をその事業年度の損金（費用）に加えられる点**です。損金は法人税などを計算する際に経費として認められますから、法人事業税を支払った分だけ節税になるわけです。

法人事業税の求め方

法人事業税は課税所得に、法人事業税の税率をかけることで求められる。つまり、課税所得がゼロなら法人事業税もゼロとなる。税率は3.4〜6.7%を目安とし、都道府県ごとで異なる。

課税所得 × 法人事業税の税率 ＝ 法人事業税

➡ P214

		標準税率	超過税率
軽減税率適用法人	所得が年400万円以下	3.5%	3.75%
軽減税率適用法人	所得が年400万円超800万円以下	5.3%	5.665%
軽減税率適用法人	所得が年800万円超	7.0%	7.48%
軽減税率不適用法人		7.0%	7.48%

超過税率とは資本金または出資金が1億円超か、年所得額が2,500万円超か、年収入金額が2億円超の会社が対象。

※上記の税率は、東京都で2020年4月1日以降に開始する年度の場合のもの。それ以降は、税率等が改正される可能性がある。各都道府県の税率は、それぞれのホームページ等を参照。

マメ知識　法人税割は法人税額に住民税の税率をかけたもの。そもそも法人税額は課税所得がなければゼロとなるので、その場合は法人税割も負担がなくなる。

消費税の基本と納付のしくみ

開業後、最大2年間は消費税が免税となることも！

消費者から預かって事業者が申告・納付をする

消費税は、商品・サービスの消費に対して課せられる税金です。消費税を負担するのは商品・サービスを消費した人、つまり消費者（買い手）になります。

ただし、納付するのは商品・サービスを販売した人（売り手）です。つまり、**売り手が買い手から消費税を預かり、まとめて確定申告を行い、納付するしくみ**となっているのです。

消費税には国税分だけでなく、地方税分も含まれていますが、申告・納付は会社所在地を所轄する税務署でまとめて行います。

預かり分から支払い分を差し引いて納める

実際に納める消費税の税額は、**売上にかかる消費税額から、仕入れにかかる消費税額を引いた差額**となります。

なお、消費税の課税事業者となるのは、基本的に①**前々年度の課税売上高が1000万円を超える**、②**前年度開始日から6カ月間の課税売上高または給与支払い総額のいずれかが1000万円を超える**、のいずれかに当てはまる場合です。どちらにも当てはまらない場合は、消費税を納める必要はありません。免税期間のうちに、いずれ消費税負担が発生しても問題ないような経営状態にしておきましょう。

得知識　簡易課税制度で事務負担を減らそう

簡易課税方式を選択すると、業種ごとに設定されたみなし仕入率で計算することで、支払った消費税額を簡単に求めることができます。前々年度の課税売上高が5,000万円以下で、消費税簡易課税制度選択届出書（➡P147）を事前に所轄の税務署に提出していることなどの要件を満たせば、利用することができます。また、新設されるインボイス制度の適格請求書発行事業者となれば、簡易課税を選択することで、課税仕入の精査が不要になり、事務負担はかなり減るでしょう。

用語解説　**みなし仕入率**：事業を6つに分類、90～40％の仕入率が段階的に設定されている。仕入率が大きい順に、卸売、小売、製造、飲食店、サービス、不動産など。

消費税のしくみ

消費税額の求め方は、売上にかかる消費税額から仕入れにかかる消費税額を差し引くのが基本。そして、その差額を税務署に申告・納付する。

納める消費税額 ＝ **売上にかかる消費税額** − **仕入れにかかる消費税額**

- 売上にかかる消費税額：課税対象となる売上高×10％（8％）※
- 仕入れにかかる消費税額：課税対象となる仕入高×10％（8％）※

例

このとき小売業者が実際に納める消費税額は…

2,000円 × 10%		1,500円 × 10%		
200円	−	150円	＝	50円
売上にかかる消費税額		仕入れにかかる消費税額		

※本則課税方式の場合。テイクアウトの飲食物など、軽減税率の対象品目は8％。

マメ知識 納税義務者（国や地方自治体へ納税する義務がある人）と、担税者（税金を負担する人）が異なる税金を間接税という。納税義務者は担税者から税金を預かり、申告・納付する。

年末調整を行う

1年の終わりに従業員の所得税の過不足を調整する！

給与から天引きしていた源泉所得税を調整する

会社は従業員の給与から天引きする形で、**所得税の源泉徴収**を行っています（➡P168）。そして、従業員の代わりに、会社が源泉徴収した所得税を翌月10日までにまとめて納めます。

ただし、**毎月天引きした源泉徴収の合計と1年分の所得税額には普通、過不足が発生**します。なぜなら、源泉徴収には住宅ローン控除、生命保険料控除など、所得控除分（➡下図）が反映されていないからです。

こうした過不足を調整し、正確な所得税額を確定させることを**年末調整**といいます。

おもな所得控除

年末調整は毎年12月に行う。従業員ごとに行うため、各種の控除申告書は早めに提出してもらうようにしよう。

	内容
基礎控除	納税者本人の合計所得額が 2,400万円以下……控除額48万円 2,400万円超2,450万円以下…控除額32万円 2,450万円超2,500万円以下…控除額16万円 2,500万円超……控除額0万円
配偶者控除	納税者に対象となる配偶者がいる場合には、一定の所得控除が受けられる。
配偶者特別控除	配偶者控除を使えない場合でも、配偶者の所得金額に応じて、一定額の所得控除を受けられる。
生命保険料控除	生命保険、共済などですでに支払った保険料がある場合、一定の控除を受けられる。
社会保険料控除	納税者本人や納税と同じ生計で生活する親族が負担している社会保険料は、給与から差し引かれた分などから一定の控除を受けられる。
地震保険料控除	納税者本人が特定の地震保険料や掛金を支払った場合、一定の金額の所得控除を受けられる。

用語解説 **給与所得控除**：給与の金額に応じて、5〜40％の割合で給与所得から控除することができる。

所得税の過不足は従業員に還付や追加徴収をする

年末調整では、前述したような各種控除によって所得税額が減るので、たいていの場合、**払いすぎていた分が還《かん》付《ぶ》金《きん》として従業員に戻されます。**

ただし、その年の途中で離婚したり、子どもの就職などによって扶養家族が減ったりした場合などには、所得税額が増える可能性があります。そうなると、**増えた分の所得税を従業員から追加徴収**して納めなくてはいけません。

年末調整の具体的な手順は、下図のとおりです。従業員ごとに「給与所得者の扶養控除等（異動）申告書」など各種の控除申告書が必要になるので、年末調整前に従業員から提出してもらうようにしましょう。

年末調整の基本的な流れ

所得税のおもな控除は次のとおり。控除を受けるためには、それぞれの申告書などの書類が必要になるので、忘れずに回収するようにしよう。

① 1年間の給与・賞与額を集計

その年の1月1日から12月31日まで支払うことが確定した給与・賞与を合計し、給与所得控除分を差し引く。

② 各種所得控除額を差し引く

給与所得控除後の給与額から、扶養控除などの所得控除を差し引く。

③ 所得税の税率をかけて税額を求める

②の所得控除を差し引いた金額（1,000円未満切捨て）に所得税の税率をかけて税額を求める。

④ 必要に応じて、住宅借入金等特別控除を行う

年末調整で住宅借入金等特別控除を行う場合には、税額からこの控除額を差し引く。

⑤ 過不足分の還付・追加徴収を行う

源泉徴収をした所得税の合計額が1年間に納めるべき所得税より多い場合、その差額の税額を従業員に還付する。反対に少ない場合には、その差額の税額を追加徴収する。

マメ知識　年末調整は、給与の支払いが2,000万円を超える人や副業での所得合計が20万円を超える人は対象外となり、従業員自身で確定申告が必要になる。

ケーススタディ６

取引が増えて経理業務が煩雑に…

［ 経理の省力化、自動化を図るコツ ］

原因

経費節約のために自分でやろうとしたら大失敗…

個人事業からそのまま会社化したような場合など、Ｆさんのように社長が自分で経理もこなしているという会社はよくあります。

経費を切り詰めたいという思いから、できるだけ税理士に頼らず、自分でがんばろうとするようです。青色申告をしない個人事業者は単式簿記（お小遣い帳のような帳簿のつけ方）でよいのですが、会社の場合はより複雑な複式簿記による帳簿づけが必須になります。

しかも、**手書きで紙の帳簿につけていた場合は、１つの取引を複数の帳簿につけて転記していく膨大《ぼうだい》な作業量に戸惑う人も多い**でしょう。**記入ミスや計算ミスも発生してしまいそうです。**何かよい方法はないのでしょうか。

経理業務のおもな選択肢

1 自分で手書きの帳簿をつける

メリット

- 記帳した時点で、物的な証拠が残る。
- パソコンが不得意な人でも作業や閲覧できる。

デメリット

- 転記などの際に記入ミスが発生する可能性がある。
- 作業に時間と手間をとられる。

2 税理士・会計士などに委託する

メリット

- 経理業務にわずらわされず、本業に専念できる。
- 専門知識を生かしたコスト削減や節税が可能になる。

デメリット

- 外注コストの負担が発生する。
- 経営に必要な経理の知識が身につきにくい。

3 会計ソフトを使用する

メリット

- 手書き作業の労力を大幅に減らせる。
- 保存やプレゼンなどで、データの取り扱いがより自由になる。

デメリット

- パソコンが不得意な人は作業や閲覧が負担になる。
- 購入とアップデートにコストがかかる。

4 クラウド会計サービスを導入する

メリット

- リアルタイムで経営状況などの情報を把握できる。
- オンラインで銀行などと連携し、処理がより自動化される。

デメリット

- 入力処理の速度がオフラインのソフトより劣ることがある。
- 税理士、会計士が対応できない場合がある。

対策 専門家や最新IT技術を頼ったほうがよい

経理の省力化や自動化は、あらゆる会社にとって永遠のテーマ。**慣れない経理業務に大切な時間を浪費するのは、非効率で会社にとって大きな損失といえます。そう考えて税務だけでなく、経理・会計業務も税理士や会計士に委《い》託《たく》している経営者は少なくありません。**

また、**会計ソフトを導入することも一般的**になっています。大きなメリットは専門的な知識がなくても、少ない手間で早く経理業務をこなせることでしょう。さらに最近では、**金融機関などとも連携した**※**クラウド会計サービス**など、IT技術を駆使したサービスが次々と誕生しています。導入コストも月額数千円からと手頃なので、ぜひ検討してみてください。

※クラウド会計サービスとは、会計データをサーバー上で一括管理することで、日々の帳簿づけから決算書作成までの会計業務を簡単に行えるもの。

監修者 **荒川一磨**（あらかわ かずま）

税理士・行政書士・登録政治資金監査人・ドリームゲートアドバイザー。代々さまざまな会社を経営してきている家に育ち、自らも起業。会計事務所・行政書士事務所の代表を務めながら、一般企業を2社経営している。会計事務所では主に会社の会計・税務を中心にサービスを提供し、個人事業主から東証一部上場企業まで幅広いクライアントの相談相手として活躍している。経済産業省後援事業（ドリームゲート）のアドバイザーを務めており、起業・会社設立の相談を受けるプロフェッショナルとして、アドバイザーグランプリ「会社設立・許認可部門」でNo.1を獲得（2014年上半期）。融資サポートにも力を入れており、他で融資不可となった案件でもひっくり返せるノウハウとコネクションを持つ。

マンガ家 **臼土きね**（うすと きね）

栃木県生まれ。角川書店、小学館などで多くの賞を受賞し、さまざまなコミック誌で掲載経験を持つ。 現在は、企業向け漫画を中心に幅広く活動中。

執筆協力	高月 靖
デザイン・DTP	中川智貴　小野沢孝文（スタジオダンク）
イラスト	駒見龍也、瀬川尚志
編集協力	パケット

カラー版《ばん》　マンガでわかる　会社《かいしゃ》の設立《せつりつ》・運営《うんえい》

2017年1月 5 日発行　第 1 版
2025年6月20日発行　第10版　第 1 刷

監修者	荒川一磨
発行者	若松和紀
発行所	株式会社 西東社

〒113-0034　東京都文京区湯島2-3-13
https://www.seitosha.co.jp/
電話　03-5800-3120（代）
※本書に記載のない内容のご質問や著者等の連絡先につきましては、お答えできかねます。

ISBN 978-4-7916-2509-3